Saveurs Authentiques de la Thaïlande
Un Voyage Culinaire Époustouflant

Élodie Dupont

Table des matières

Crevettes à la sauce litchi 10
Crevettes mandarines frites 11
Crevettes au Mangetout 12
Crevettes aux champignons chinois 13
Crevettes et petits pois frits 14
Crevettes au chutney de mangue 15
Boulettes de crevettes frites avec sauce à l'oignon 17
Crevettes mandarines aux petits pois 18
Crevettes de Pékin 19
Crevettes aux poivrons 20
Crevettes frites au porc 21
Gambas frites avec sauce au xérès 22
Crevettes frites au sésame 23
Crevettes frites dans leur coquille 24
Crevettes frites 25
Tempura de crevettes 26
gencive 27
Crevettes au Tofu 28
Crevettes aux tomates 29
Gambas à la sauce tomate 30
Crevettes à la sauce tomate et chili 31
Gambas frites à la sauce tomate 32
Crevettes aux légumes 33
Crevettes aux châtaignes d'eau 35
wontons aux crevettes 36
Ormeau au poulet 37
Ormeau aux asperges 38
Ormeau aux champignons 39
Ormeau à la sauce d'huître 40
palourdes cuites à la vapeur 41
palourdes aux germes de soja 42
palourdes au gingembre et à l'ail 43

palourdes frites *44*
beignets de crabe *45*
Crème de crabe *46*
Chair de crabe aux feuilles chinoises *47*
Crabe Foo Yung aux germes de soja *48*
Crabe au gingembre *49*
Lo Mein au crabe *50*
Crabe frit au porc *51*
Chair de crabe frite *52*
Boulettes de seiche frites *53*
Homard cantonais *54*
homard frit *55*
Homard cuit à la vapeur et bacon *56*
Homard aux champignons *57*
Queues de homard au porc *58*
Homard frit *60*
nids de homard *61*
Moules à la sauce aux haricots noirs *62*
Moules au gingembre *63*
Moules vapeur *64*
huîtres frites *65*
huîtres au bacon *66*
Perles frites au gingembre *67*
huîtres à la sauce aux haricots noirs *68*
Coquilles Saint-Jacques aux tiges de bambou *69*
Coquilles Saint-Jacques aux œufs *70*
pétoncles au brocoli *71*
Coquilles Saint-Jacques au gingembre *73*
Coquilles Saint-Jacques au jambon *74*
Coquilles Saint-Jacques sautées aux herbes *75*
Coquilles Saint-Jacques et oignons frits *76*
Coquilles Saint-Jacques aux légumes *77*
pétoncles aux poivrons *79*
Calamars aux germes de soja *80*
Calamar frit *81*
paquet de calamar *82*

Rouleaux de calamars frits 84
Calamar frit 85
Calamars aux champignons séchés 86
calamar aux légumes 87
Ragoût de boeuf à l'anis.. 88
Boeuf aux Asperges... 89
Boeuf aux Tiges de Bambou.. 90
Boeuf aux pousses de bambou et champignons 91
Bœuf braisé à la chinoise 92
Boeuf aux germes de soja 93
Bœuf avec brocoli 95
Viande de sésame au brocoli 96
Boeuf au barbecue 97
boeuf cantonais 98
Boeuf aux carottes 99
Bœuf aux noix de cajou... 100
cocotte de viande lente 101
Boeuf au chou-fleur 102
Boeuf au céleri 103
Morceaux de boeuf poêlés au céleri 104
Bœuf haché au poulet et céleri 105
boeuf épicé 107
Boeuf au chou chinois 109
Steak de bœuf Suey 110
boeuf au concombre 111
boeuf mein... 112
steak de concombre 114
Curry de rosbif.. 115
ormeau mariné 116
Pousses de bambou mûres 118
poulet au concombre... 119
Poulet au sésame 120
Litchis au gingembre 121
Ailes de poulet cuites en rouge 122
Chair de crabe au concombre 123
Champignons marinés 124

Champignons marinés à l'ail	*125*
Crevettes et chou-fleur	*126*
Bâtonnets de bacon au sésame	*127*
tofu réfrigéré	*128*
poulet au bacon	*129*
Frites de poulet et banane	*131*
Poulet au gingembre et champignons	*132*
poulet et bacon	*134*
Foies de poulet grillés	*135*
Boulettes de crabe aux châtaignes d'eau	*136*
Dim-Sum	*137*
Rouleaux de jambon et de poulet	*138*
Galettes de jambon au four	*140*
Poisson pseudo-fumé	*141*
Champignons farcis	*143*
Champignons à la sauce d'huîtres	*144*
Petits pains au porc et laitue	*145*
Boulettes de viande au porc et aux châtaignes	*147*
nouilles de porc	*148*
Porc et bœuf	*149*
Crevette papillon	*150*
Crevettes chinoises	*151*
Craquelins aux crevettes	*152*
Crevettes croustillantes	*153*
Crevettes sauce gingembre	*154*
Rouleaux de crevettes et nouilles	*155*
Toast aux crevettes	*157*
Wonton de porc et de crevettes avec sauce aigre-douce	*158*
Soupe au poulet	*160*
Soupe aux germes de porc et aux haricots	*161*
Soupe d'ormeaux et de champignons	*162*
Soupe au poulet et asperges	*164*
Soupe de boeuf	*165*
Soupe au bœuf et aux feuilles chinoises	*166*
Soupe aux choux	*167*
soupe de viande épicée	*168*

soupe céleste	*170*
Soupe au poulet et bambou	*171*
Soupe au poulet et au maïs	*172*
Soupe au poulet et au gingembre	*173*
Soupe chinoise au poulet et aux champignons	*174*
Soupe au poulet et riz	*175*
Soupe au poulet et à la noix de coco	*176*
Soupe aux palourdes	*177*
soupe aux œufs	*179*
Soupe de crabe et pétoncles	*180*
soupe de crabe	*182*
Soupe de poisson	*183*
Soupe de poisson et de laitue	*184*
Soupe de gingembre aux boulettes de viande	*186*
soupe aigre-piquante	*187*
Soupe aux champignons	*188*
Soupe aux champignons et chou	*189*
Soupe aux œufs et aux champignons	*190*
Soupe aux champignons et châtaignes d'eau	*191*
Soupe au porc et aux champignons	*192*
Soupe de porc et cresson	*193*
Soupe de porc et concombre	*194*
Soupe aux boulettes de viande et nouilles	*195*
Soupe aux épinards et au tofu	*196*
Soupe de maïs et crabe sucré	*197*
soupe sichuanaise	*198*
soupe au tofu	*200*
Soupe de tofu et poisson	*201*
Soupe à la tomate	*202*
Soupe de tomates et épinards	*203*
soupe de navet	*204*
Soupe aux légumes	*205*
soupe végétarienne	*206*
soupe de cresson	*207*
Poisson frit aux légumes	*208*
Poisson entier au four	*210*

Poisson de soja bouilli *211*
Poisson de soja à la sauce d'huîtres *213*
bar cuit à la vapeur *215*
Poisson au four aux champignons *216*
poisson aigre-doux *218*
Poisson farci au porc *220*
carpe bouillie avec des épices *222*
Boeuf à la sauce aux perles *224*

Crevettes à la sauce litchi

pour 4 personnes

*Tasse simple de 50 g/2 oz/¬Ω (tout usage)
farine
2,5 ml/¬Ω cuillère de sel
1 œuf légèrement battu
30 ml/2 cuillères d'eau
450 g de crevettes décortiquées
huile de friture
30 ml/2 cuillères à soupe d'huile d'arachide
2 tranches de racine de gingembre, hachées
30 ml/2 cuillères à soupe de vinaigre de vin
5 ml/1 cuillère à café de sucre
2,5 ml/¬Ω cuillère de sel
15 ml/1 cuillère à soupe de sauce soja
7 oz/200 g de litchis en conserve, égouttés*

Battre la farine, le sel, l'œuf et l'eau pour obtenir une pâte en ajoutant un peu d'eau si nécessaire. Mélanger avec les crevettes jusqu'à ce qu'elles soient bien enrobées. Faites chauffer l'huile et faites frire les crevettes pendant quelques minutes jusqu'à ce qu'elles soient dorées et croustillantes. Égoutter sur du papier absorbant et déposer sur une assiette de service chaude. Pendant ce temps, faites chauffer l'huile et faites revenir le gingembre pendant 1 minute. Ajoutez le vinaigre de vin, le sucre, le sel et la sauce soja. Ajouter les litchis et remuer jusqu'à ce qu'ils soient bien chauds et enrobés de sauce. Versez sur les crevettes et servez immédiatement.

Crevettes mandarines frites

pour 4 personnes

60 ml/4 cuillères à soupe d'huile d'arachide

1 gousse d'ail, écrasée

1 tranche de racine de gingembre, hachée

450 g de crevettes décortiquées

30 ml/2 cuillères à soupe de vin de riz ou de xérès sec 30 ml/2 cuillères à soupe de sauce soja

15 ml/1 cuillère à soupe de farine de maïs (amidon de maïs)

45 ml/3 cuillères d'eau

Faites chauffer l'huile et faites revenir l'ail et le gingembre jusqu'à ce qu'ils prennent une couleur légèrement dorée. Ajouter les crevettes et faire revenir 1 minute. Ajoutez le vin ou le sherry et mélangez bien. Ajouter la sauce soja, la semoule de maïs et l'eau et cuire 2 minutes.

Crevettes au Mangetout

pour 4 personnes

5 champignons chinois séchés
8 oz/225 g de germes de soja
60 ml/4 cuillères à soupe d'huile d'arachide
5 ml/1 cuillère à café de sel
2 branches de céleri, hachées
4 oignons (oignons verts), hachés
2 gousses d'ail pressées
2 tranches de racine de gingembre, hachées
60 ml/4 cuillères d'eau
15 ml/1 cuillère à soupe de sauce soja
15 ml/1 cuillère à soupe de vin de riz ou de xérès sec
8 oz/225 g de pois mange-tout
8 oz/225 g de crevettes décortiquées
15 ml/1 cuillère à soupe de farine de maïs (amidon de maïs)

Faites tremper les champignons dans l'eau tiède pendant 30 minutes puis égouttez-les. Jetez les tiges et coupez les sommets. Blanchir les germes de soja dans l'eau bouillante pendant 5 minutes et bien les égoutter. Faites chauffer la moitié de l'huile et faites revenir le sel, le céleri, l'oignon et les germes de soja pendant 1 minute, puis retirez-les de la poêle. Faites chauffer le reste de l'huile et faites revenir l'ail et le gingembre jusqu'à ce qu'ils soient légèrement dorés. Ajouter la moitié de l'eau, la sauce soja, le vin ou le xérès, les petits pois et les crevettes, porter à ébullition et laisser mijoter 3 minutes. Mélangez la semoule de maïs et le reste de l'eau pour obtenir une pâte, mélangez dans la poêle et faites cuire en remuant jusqu'à ce que la sauce épaississe. Remettez les légumes dans la poêle et faites-les cuire jusqu'à ce qu'ils soient bien chauds. Sers immédiatement.

Crevettes aux champignons chinois

pour 4 personnes

8 champignons chinois séchés
45 ml/3 cuillères à soupe d'huile d'arachide
3 tranches de racine de gingembre, hachées

450 g de crevettes décortiquées
15 ml/1 cuillère à soupe de sauce soja
5 ml/1 cuillère à café de sel
60 ml/4 cuillères à soupe de bouillon de poisson

Faites tremper les champignons dans l'eau tiède pendant 30 minutes puis égouttez-les. Jetez les tiges et coupez les sommets. Faites chauffer la moitié de l'huile et faites revenir le gingembre jusqu'à ce qu'il prenne une couleur légèrement dorée. Ajouter les crevettes, la sauce soja et le sel et faire revenir jusqu'à ce qu'elles soient juste enrobées d'huile, puis retirer de la poêle. Faites chauffer le reste de l'huile et faites revenir les champignons jusqu'à ce qu'ils soient recouverts d'huile. Ajouter le bouillon, porter à ébullition, couvrir et laisser mijoter 3 minutes. Remettez les crevettes dans la poêle et remuez jusqu'à ce qu'elles soient bien chaudes.

Crevettes et petits pois frits

pour 4 personnes

450 g de crevettes décortiquées
5 ml/1 cuillère à café d'huile de sésame

5 ml/1 cuillère à café de sel

30 ml/2 cuillères à soupe d'huile d'arachide

1 gousse d'ail, écrasée

1 tranche de racine de gingembre, hachée

8 oz/225 g de petits pois blanchis ou surgelés, décongelés

4 oignons (oignons verts), hachés

30 ml/2 cuillères d'eau

sel et poivre

Mélangez les crevettes avec l'huile de sésame et le sel. Faites chauffer l'huile et faites revenir l'ail et le gingembre pendant 1 minute. Ajouter les crevettes et faire revenir 2 minutes. Ajoutez les petits pois et faites revenir 1 minute. Ajouter les pois chiches et l'eau et, si désiré, assaisonner avec du sel, du poivre et un peu d'huile de sésame. Réchauffer en remuant soigneusement avant de servir.

Crevettes au chutney de mangue

pour 4 personnes

12 crevettes

sel et poivre

le jus d'1 citron

30 ml/2 cuillères à soupe de farine de maïs (amidon de maïs)

1 gant

5 ml/1 cuillère à café de moutarde en poudre

5 ml/1 cuillère à café de miel

30 ml/2 cuillères de crème de coco

30 ml/2 cuillères à soupe de poudre de curry doux

120 ml/4 fl oz/¬Ω tasse de bouillon de poulet

45 ml/3 cuillères à soupe d'huile d'arachide

2 gousses d'ail, hachées

2 oignons (oignons verts), hachés

1 bulbe de fenouil, haché

100 g de chutney de mangue

Épluchez les crevettes en laissant les queues intactes. Saupoudrer de sel, de poivre et de jus de citron, puis garnir de la moitié de la semoule de maïs. Épluchez la mangue, coupez la chair des os et coupez la chair en cubes. Incorporer la moutarde, le miel, la crème de coco, la poudre de curry, le reste de la semoule de maïs et le bouillon. Faites chauffer la moitié de l'huile et faites revenir l'ail, la ciboulette et le fenouil pendant 2 minutes. Ajouter le mélange de bouillon, porter à ébullition et laisser mijoter 1 minute. Ajouter les cubes de mangue et la sauce piquante et faire chauffer doucement, puis transférer dans une assiette de service chaude. Faites chauffer le reste de l'huile et faites revenir les crevettes pendant 2 minutes. Disposez-les sur les légumes et servez aussitôt.

Boulettes de crevettes frites avec sauce à l'oignon

pour 4 personnes

3 oeufs légèrement battus

3 cuillères à soupe/45 ml de farine nature (tout usage)

sel et poivre fraîchement moulu

450 g de crevettes décortiquées

huile de friture

15 ml/1 cuillère à soupe d'huile d'arachide

2 oignons, hachés

15 ml/1 cuillère à soupe de farine de maïs (amidon de maïs)

30 ml/2 cuillères à soupe de sauce soja

175 ml/6 fl oz/¬œ tasse d'eau

Mélangez les œufs, la farine, le sel et le poivre. Mélangez les crevettes dans la pâte. Faites chauffer l'huile et faites frire les crevettes jusqu'à ce qu'elles soient dorées. Pendant ce temps, faites chauffer l'huile et faites revenir les oignons pendant 1 minute. Mélangez le reste des ingrédients jusqu'à obtenir une pâte, ajoutez les oignons et faites cuire en remuant jusqu'à ce que la sauce épaississe. Égoutter les crevettes et les déposer sur une assiette de service chaude. Versez la sauce dessus et servez aussitôt.

Crevettes mandarines aux petits pois

pour 4 personnes

60 ml/4 cuillères à soupe d'huile d'arachide
1 gousse d'ail, hachée
1 tranche de racine de gingembre, hachée
450 g de crevettes décortiquées
30 ml/2 cuillères à soupe de vin de riz ou de xérès sec
8 oz/225 g de petits pois surgelés, décongelés
30 ml/2 cuillères à soupe de sauce soja
15 ml/1 cuillère à soupe de farine de maïs (amidon de maïs)
45 ml/3 cuillères d'eau

Faites chauffer l'huile et faites revenir l'ail et le gingembre jusqu'à ce qu'ils prennent une couleur légèrement dorée. Ajouter les crevettes et faire revenir 1 minute. Ajoutez le vin ou le sherry et mélangez bien. Ajoutez les petits pois et faites revenir 5 minutes. Ajouter le reste des ingrédients et cuire 2 minutes.

Crevettes de Pékin

pour 4 personnes

30 ml/2 cuillères à soupe d'huile d'arachide
2 gousses d'ail pressées
1 tranche de racine de gingembre, hachée finement
8 oz/225 g de crevettes décortiquées
4 oignons (oignons verts), tranchés épaissement
120 ml/4 fl oz/¬Ω tasse de bouillon de poulet
5 ml/1 cuillère à café de cassonade
5 ml/1 cuillère à café de sauce soja
5 ml/1 cuillère à café de sauce hoisin
5 ml/1 cuillère à café de sauce Tabasco

Faites chauffer l'huile avec l'ail et le gingembre et faites revenir jusqu'à ce que l'ail devienne un peu doré. Ajouter les crevettes et faire revenir 1 minute. Ajoutez les pois chiches et faites revenir 1 minute. Ajouter le reste des ingrédients, porter à ébullition, couvrir et laisser mijoter 4 minutes en remuant de temps en temps. Vérifiez l'assaisonnement et ajoutez un peu plus de sauce tabasco si vous le souhaitez.

Crevettes aux poivrons

pour 4 personnes
30 ml/2 cuillères à soupe d'huile d'arachide
1 poivron vert coupé en morceaux
450 g de crevettes décortiquées
10 ml/2 cuillères à café de semoule de maïs (amidon de maïs)
60 ml/4 cuillères d'eau
5 ml/1 cuillère à café de vin de riz ou de xérès sec
2,5 ml/¬Ω cuillère de sel
45 ml/2 cuillères à soupe de purée de tomates (pâte)

Faites chauffer l'huile et faites revenir le poivron pendant 2 minutes. Ajouter les crevettes et la purée de tomates et bien mélanger. Mélangez l'eau de semoule de maïs, le vin ou le xérès et le sel pour obtenir une pâte, mélangez-les dans la poêle et faites cuire en remuant jusqu'à ce que la sauce s'éclaircisse et épaississe.

Crevettes frites au porc

pour 4 personnes

8 oz/225 g de crevettes décortiquées
4 oz/100 g de porc maigre, haché
60 ml/4 cuillères à soupe de vin de riz ou de xérès sec
1 blanc d'oeuf
45 ml/3 cuillères à soupe de farine de maïs (amidon de maïs)
5 ml/1 cuillère à café de sel
15 ml/1 cuillère à soupe d'eau (facultatif)
90 ml/6 cuillères à soupe d'huile d'arachide
45 ml/3 cuillères à soupe de bouillon de poisson
5 ml/1 cuillère à café d'huile de sésame

Placer les crevettes et le porc dans des bols séparés. Mélangez 3 cuillères à soupe/45 ml de vin ou de xérès, du blanc d'œuf, 2 cuillères à soupe/30 ml de maïzena et du sel pour obtenir une pâte lâche, en ajoutant de l'eau si nécessaire. Répartissez le mélange entre le porc et les crevettes et mélangez bien pour bien enrober. Faites chauffer l'huile et faites revenir le porc et les crevettes pendant quelques minutes jusqu'à ce qu'ils soient dorés.

Retirer de la poêle et verser tout sauf 15 ml/1 cuillère à soupe d'huile. Ajoutez le bouillon dans la poêle avec le reste du vin ou du xérès et la semoule de maïs. Porter à ébullition et cuire en remuant jusqu'à ce que la sauce épaississe. Garnir de crevettes et de porc et servir arrosé d'huile de sésame.

Gambas frites avec sauce au xérès

pour 4 personnes

50 g/2 oz/¬Ω tasse de farine nature (tout usage).

2,5 ml/¬Ω cuillère de sel

1 œuf légèrement battu

30 ml/2 cuillères d'eau

450 g de crevettes décortiquées

huile de friture

15 ml/1 cuillère à soupe d'huile d'arachide

1 oignon, finement haché

45 ml/3 cuillères à soupe de vin de riz ou de xérès sec

15 ml/1 cuillère à soupe de sauce soja

120 ml/4 fl oz/¬Ω tasse de bouillon de poisson

10 ml/2 cuillères à café de semoule de maïs (amidon de maïs)

30 ml/2 cuillères d'eau

Battre la farine, le sel, l'œuf et l'eau pour obtenir une pâte en ajoutant un peu d'eau si nécessaire. Mélanger avec les crevettes jusqu'à ce qu'elles soient bien enrobées. Faites chauffer l'huile et faites frire les crevettes pendant quelques minutes jusqu'à ce qu'elles soient dorées et croustillantes. Égouttez-les sur du papier absorbant et disposez-les dans un plat de service chaud. Pendant ce temps, faites chauffer l'huile et faites revenir l'oignon jusqu'à ce qu'il soit tendre. Ajoutez le vin ou le xérès, la sauce soja et le bouillon, portez à ébullition et laissez mijoter 4 minutes. Mélangez la semoule de maïs et l'eau pour obtenir une pâte, mélangez dans la poêle et faites cuire en remuant jusqu'à ce que la sauce s'éclaircisse et épaississe. Versez la sauce sur les crevettes et servez.

Crevettes frites au sésame

pour 4 personnes
450 g de crevettes décortiquées
¬Ω blanc d'oeuf
5 ml/1 cuillère à café de sauce soja

5 ml/1 cuillère à café d'huile de sésame
50 g/2 oz/¬Ω tasse de semoule de maïs (amidon de maïs)
sel et poivre blanc fraîchement moulu
huile de friture
60 ml/4 cuillères à soupe de graines de sésame
Feuilles de laitue

Mélangez les crevettes avec le blanc d'œuf, la sauce soja, l'huile de sésame, la fécule de maïs, le sel et le poivre. Ajoutez un peu d'eau si le mélange est trop épais. Faites chauffer l'huile et faites revenir les crevettes pendant quelques minutes jusqu'à ce qu'elles prennent une couleur claire. Pendant ce temps, faites griller brièvement les graines de sésame dans une poêle sèche jusqu'à ce qu'elles soient dorées. Égoutter les crevettes et mélanger avec les graines de sésame. Servir sur un lit de laitue.

Crevettes frites dans leur coquille

pour 4 personnes
60 ml/4 cuillères à soupe d'huile d'arachide
750 g/1¬Ω lb de crevettes non décortiquées
3 oignons (oignons verts), hachés

3 tranches de racine de gingembre, hachées

2,5 ml/¬Ω cuillère de sel

15 ml/1 cuillère à soupe de vin de riz ou de xérès sec

120 ml/4 fl oz/¬Ω tasse de ketchup aux tomates

15 ml/1 cuillère à soupe de sauce soja

15 ml/1 cuillère de sucre

15 ml/1 cuillère à soupe de farine de maïs (amidon de maïs)

60 ml/4 cuillères d'eau

Faites chauffer l'huile et faites frire les crevettes pendant 1 minute si elles sont cuites ou jusqu'à ce qu'elles soient roses si elles ne sont pas cuites. Ajoutez les oignons nouveaux, le gingembre, le sel et le vin ou le xérès et faites revenir 1 minute. Ajouter la sauce tomate, la sauce soja et le sucre et faire revenir 1 minute. Mélanger la semoule de maïs et l'eau, mélanger dans la poêle et cuire en remuant jusqu'à ce que la sauce s'éclaircisse et épaississe.

Crevettes frites

pour 4 personnes

75 g/3 oz/º tasse de farine de maïs (amidon de maïs)

1 blanc d'oeuf
5 ml/1 cuillère à café de vin de riz ou de xérès sec
sel
12 oz/350 g de crevettes, décortiquées
huile de friture

Fouettez ensemble la semoule de maïs, le blanc d'œuf, le vin ou le xérès et une pincée de sel pour obtenir une pâte épaisse. Tremper les crevettes dans la pâte jusqu'à ce qu'elles soient bien enrobées. Faites chauffer l'huile à température moyenne et faites revenir les crevettes pendant quelques minutes jusqu'à ce qu'elles soient dorées. Retirer de l'huile, chauffer jusqu'à ce qu'il soit chaud, puis faire revenir les crevettes jusqu'à ce qu'elles soient croustillantes et dorées.

Tempura de crevettes

pour 4 personnes
450 g de crevettes décortiquées
2 cuillères à soupe/30 ml de farine nature (par portion).
30 ml/2 cuillères à soupe de farine de maïs (amidon de maïs)
30 ml/2 cuillères d'eau

2 oeufs battus
huile de friture

Coupez les crevettes au milieu de la courbe intérieure et ouvrez-les pour former un papillon. Mélangez la farine, la semoule de maïs et l'eau jusqu'à obtenir une pâte, puis ajoutez les œufs. Faites chauffer l'huile et faites frire les crevettes jusqu'à ce qu'elles soient dorées.

gencive

pour 4 personnes

30 ml/2 cuillères à soupe d'huile d'arachide
2 oignons (oignons verts), hachés
1 gousse d'ail, écrasée
1 tranche de racine de gingembre, hachée
100 g de poitrine de poulet, coupée en lanières
4 oz/100 g de bacon, coupé en lanières
4 oz/100 g de tiges de bambou, coupées en lanières
100 g de châtaignes d'eau coupées en lanières
8 oz/225 g de crevettes décortiquées
30 ml/2 cuillères à soupe de sauce soja
30 ml/2 cuillères à soupe de vin de riz ou de xérès sec
5 ml/1 cuillère à café de sel
5 ml/1 cuillère à café de sucre

5 ml/1 cuillère à café de farine de maïs (amidon de maïs)

Faites chauffer l'huile et faites revenir les oignons, l'ail et le gingembre jusqu'à ce qu'ils soient légèrement colorés. Ajoutez le poulet et faites revenir 1 minute. Ajoutez les lardons, les pousses de bambou et les châtaignes d'eau et faites revenir 3 minutes. Ajouter les crevettes et faire revenir 1 minute. Ajoutez la sauce soja, le vin ou le xérès, le sel et le sucre et faites revenir 2 minutes. Mélangez la farine de maïs avec un peu d'eau, mélangez-la dans la casserole et faites-la cuire à feu doux en remuant pendant 2 minutes.

Crevettes au Tofu

pour 4 personnes
45 ml/3 cuillères à soupe d'huile d'arachide
8 oz/225 g de tofu, coupé en cubes
1 oignon (oignons verts), haché
1 gousse d'ail, écrasée
15 ml/1 cuillère à soupe de sauce soja
5 ml/1 cuillère à café de sucre
90 ml/6 cuillères à soupe de bouillon de poisson

8 oz/225 g de crevettes décortiquées
15 ml/1 cuillère à soupe de farine de maïs (amidon de maïs)
45 ml/3 cuillères d'eau

Faites chauffer la moitié de l'huile et faites frire le tofu jusqu'à ce qu'il soit légèrement doré, puis retirez-le de la poêle. Faites chauffer le reste de l'huile et faites revenir les pois chiches et l'ail jusqu'à ce qu'ils soient légèrement dorés. Ajouter la sauce soja, le sucre et le bouillon et porter à ébullition. Ajoutez les crevettes et remuez à feu doux pendant 3 minutes. Mélangez la semoule de maïs et l'eau pour obtenir une pâte, mélangez dans la poêle et faites cuire en remuant jusqu'à ce que la sauce épaississe. Remettez le tofu dans la poêle et faites cuire à feu doux jusqu'à ce qu'il soit bien chaud.

Crevettes aux tomates

pour 4 personnes
2 blancs d'œufs
30 ml/2 cuillères à soupe de farine de maïs (amidon de maïs)
5 ml/1 cuillère à café de sel
450 g de crevettes décortiquées

huile de friture
30 ml/2 cuillères à soupe de vin de riz ou de xérès sec
8 oz/225 g de tomates pelées, épépinées et coupées en dés

Mélangez les blancs d'œufs, la semoule de maïs et le sel. Ajouter les crevettes jusqu'à ce qu'elles soient bien enrobées. Faites chauffer l'huile et faites frire les crevettes jusqu'à ce qu'elles soient cuites. Retirez tout sauf 15 ml/1 cuillère à soupe d'huile et réchauffez. Ajoutez le vin ou le xérès et les tomates et portez à ébullition. Ajouter les crevettes et réchauffer rapidement avant de servir.

Gambas à la sauce tomate

pour 4 personnes
30 ml/2 cuillères à soupe d'huile d'arachide
1 gousse d'ail, écrasée
2 tranches de racine de gingembre, hachées
2,5 ml/¬Ω cuillère de sel
15 ml/1 cuillère à soupe de vin de riz ou de xérès sec
15 ml/1 cuillère à soupe de sauce soja
6 ml/4 cuillères à soupe de sauce tomate (ketchup)
120 ml/4 fl oz/¬Ω tasse de bouillon de poisson
12 oz/350 g de crevettes, décortiquées
10 ml/2 cuillères à café de semoule de maïs (amidon de maïs)

30 ml/2 cuillères d'eau

Faites chauffer l'huile et faites revenir l'ail, le gingembre et le sel pendant 2 minutes. Ajouter le vin ou le xérès, la sauce soja, la sauce tomate et le bouillon et porter à ébullition. Ajoutez les crevettes, couvrez et laissez cuire 2 minutes. Mélangez la semoule de maïs et l'eau pour obtenir une pâte, mélangez dans la poêle et faites cuire en remuant jusqu'à ce que la sauce s'éclaircisse et épaississe.

Crevettes à la sauce tomate et chili

pour 4 personnes

60 ml/4 cuillères à soupe d'huile d'arachide
15 ml/1 cuillère à soupe de gingembre râpé
15 ml/1 cuillère à soupe d'ail émincé
15 ml/1 cuillère d'oignon haché
60 ml/4 cuillères à soupe de purée de tomates (pâte)
15 ml/1 cuillère de sauce piquante
450 g de crevettes décortiquées
15 ml/1 cuillère à soupe de farine de maïs (amidon de maïs)
15 ml/1 cuillère à soupe d'eau

Faites chauffer l'huile et faites revenir le gingembre, l'ail et l'oignon nouveau pendant 1 minute. Ajouter la purée de tomates et la sauce piquante et bien mélanger. Ajouter les crevettes et faire revenir 2 minutes. Mélangez la semoule de maïs et l'eau jusqu'à obtenir une pâte, mélangez-la dans la poêle et laissez cuire jusqu'à ce que la sauce épaississe. Sers immédiatement.

Gambas frites à la sauce tomate

pour 4 personnes

50 g/2 oz/¬Ω tasse de farine nature (tout usage).

2,5 ml/¬Ω cuillère de sel

1 œuf légèrement battu

30 ml/2 cuillères d'eau

450 g de crevettes décortiquées

huile de friture

30 ml/2 cuillères à soupe d'huile d'arachide

1 oignon, finement haché

2 tranches de racine de gingembre, hachées

75 ml/5 cuillères à soupe de sauce tomate (ketchup)

10 ml/2 cuillères à café de semoule de maïs (amidon de maïs)
30 ml/2 cuillères d'eau

Battre la farine, le sel, l'œuf et l'eau pour obtenir une pâte en ajoutant un peu d'eau si nécessaire. Mélanger avec les crevettes jusqu'à ce qu'elles soient bien enrobées. Faites chauffer l'huile et faites frire les crevettes pendant quelques minutes jusqu'à ce qu'elles soient dorées et croustillantes. Égoutter sur du papier absorbant.

Pendant ce temps, faites chauffer l'huile et faites revenir l'oignon et le gingembre jusqu'à ce qu'ils soient tendres. Ajouter la sauce tomate et cuire 3 minutes. Mélangez la semoule de maïs et l'eau pour obtenir une pâte, mélangez dans la poêle et faites cuire en remuant jusqu'à ce que la sauce épaississe. Ajouter les crevettes dans la poêle et cuire jusqu'à ce qu'elles soient bien chaudes. Sers immédiatement.

Crevettes aux légumes

pour 4 personnes

15 ml/1 cuillère à soupe d'huile d'arachide
8 oz/225 g de fleurons de brocoli
8 oz/225 g de champignons
8 oz/225 g de tiges de bambou, tranchées
450 g de crevettes décortiquées
120 ml/4 fl oz/½ tasse de bouillon de poulet
5 ml/1 cuillère à café de farine de maïs (amidon de maïs)
5 ml/1 cuillère à café de sauce aux huîtres
2,5 ml/½ cuillère à café de sucre
2,5 ml/½ cuillère à café de racine de gingembre râpée
pincée de poivre fraîchement moulu

Faites chauffer l'huile et faites revenir le brocoli pendant 1 minute. Ajoutez les champignons et les pousses de bambou et faites revenir 2 minutes. Ajouter les crevettes et faire revenir 2 minutes. Mélanger le reste des ingrédients et incorporer au mélange de crevettes. Porter à ébullition en remuant, puis laisser mijoter 1 minute en remuant constamment.

Crevettes aux châtaignes d'eau

pour 4 personnes

60 ml/4 cuillères à soupe d'huile d'arachide
1 gousse d'ail, hachée
1 tranche de racine de gingembre, hachée
450 g de crevettes décortiquées
2 cuillères à soupe/30 ml de vin de riz ou de xérès sec 8 oz/225 g
de châtaignes d'eau tranchées
30 ml/2 cuillères à soupe de sauce soja
15 ml/1 cuillère à soupe de farine de maïs (amidon de maïs)
45 ml/3 cuillères d'eau

Faites chauffer l'huile et faites revenir l'ail et le gingembre jusqu'à ce qu'ils prennent une couleur légèrement dorée. Ajouter les crevettes et faire revenir 1 minute. Ajoutez le vin ou le sherry et mélangez bien. Ajouter les châtaignes d'eau et faire revenir 5 minutes. Ajouter le reste des ingrédients et cuire 2 minutes.

wontons aux crevettes

pour 4 personnes

1 lb/450 g de crevettes, pelées et tranchées

8 oz/225 g de légumes mélangés, hachés

15 ml/1 cuillère à soupe de sauce soja

2,5 ml/¬Ω cuillère de sel

quelques gouttes d'huile de sésame

40 peaux de wonton

huile de friture

Mélangez les crevettes, les légumes, la sauce soja, le sel et l'huile de sésame.

Pour plier les wontons, tenez la peau dans la paume de votre main gauche et versez un peu de la garniture au centre. Badigeonnez les bords d'œuf et pliez la peau en triangle, en scellant les bords. Badigeonnez les coins d'œuf et retournez-les.

Faites chauffer l'huile et faites frire les wontons quelques-uns à la fois jusqu'à ce qu'ils soient dorés. Bien égoutter avant de servir.

Ormeau au poulet

pour 4 personnes

400 g d'ormeau en conserve
30 ml/2 cuillères à soupe d'huile d'arachide
100 g de poitrine de poulet, coupée en dés
4 oz/100 g de tiges de bambou, tranchées
250 ml/8 ml oz/1 tasse de bouillon de poisson
15 ml/1 cuillère à soupe de vin de riz ou de xérès sec
5 ml/1 cuillère à café de sucre
2,5 ml/¬Ω cuillère de sel
15 ml/1 cuillère à soupe de farine de maïs (amidon de maïs)
45 ml/3 cuillères d'eau

Égoutter et hacher l'ormeau en réservant le jus. Faites chauffer l'huile et faites frire le poulet jusqu'à ce qu'il devienne clair. Ajoutez les ormeaux et les pousses de bambou et faites revenir 1 minute. Ajouter le bouillon, le bouillon, le vin ou le xérès, le sucre et le sel, porter à ébullition et laisser mijoter 2 minutes. Mélangez la semoule de maïs et l'eau pour obtenir une pâte et faites cuire en remuant jusqu'à ce que la sauce s'éclaircisse et épaississe. Sers immédiatement.

Ormeau aux asperges

pour 4 personnes

10 champignons chinois séchés
30 ml/2 cuillères à soupe d'huile d'arachide
15 ml/1 cuillère à soupe d'eau
8 oz/225 g d'asperges
2,5 ml/½ cuillère à café de sauce de poisson
15 ml/1 cuillère à soupe de farine de maïs (amidon de maïs)
8 oz/225 g d'ormeau en conserve, tranché
60 ml/4 cuillères à soupe de bouillon
½ petite carotte, coupée en tranches
5 ml/1 cuillère à café de sauce soja
5 ml/1 cuillère à café de sauce aux huîtres
5 ml/1 cuillère à café de vin de riz ou de xérès sec

Faites tremper les champignons dans l'eau tiède pendant 30 minutes puis égouttez-les. Jetez les tiges. Faites chauffer 15 ml/1 cuillère à soupe d'huile avec de l'eau et faites revenir les champignons pendant 10 minutes. Pendant ce temps, faites cuire les asperges dans l'eau bouillante avec la sauce de poisson et 1 cuillère à soupe/5 ml de maïzena jusqu'à ce qu'elles soient tendres. Bien égoutter et déposer sur une assiette de service chaude avec les champignons. Gardez-les au chaud. Faites chauffer le reste de l'huile et faites revenir les ormeaux pendant quelques secondes, puis ajoutez le bouillon, la carotte, la sauce soja, la sauce aux huîtres, le vin ou le xérès et le reste de la semoule de maïs. Cuire environ 5 minutes jusqu'à ce que ce soit cuit, puis garnir d'asperges et servir.

Ormeau aux champignons

pour 4 personnes
6 champignons chinois séchés
400 g d'ormeau en conserve
45 ml/3 cuillères à soupe d'huile d'arachide
2,5 ml/¬Ω cuillère de sel
15 ml/1 cuillère à soupe de vin de riz ou de xérès sec
3 oignons (oignons verts), tranchés épaississement

Faites tremper les champignons dans l'eau tiède pendant 30 minutes puis égouttez-les. Jetez les tiges et coupez les sommets. Égoutter et hacher l'ormeau en réservant le jus. Faites chauffer l'huile et faites revenir le sel et les champignons pendant 2 minutes. Ajouter le bouillon et le xérès, porter à ébullition, couvrir et laisser mijoter 3 minutes. Ajouter les ormeaux et les oignons et cuire jusqu'à ce qu'ils soient bien chauds. Sers immédiatement.

Ormeau à la sauce d'huître

pour 4 personnes

400 g d'ormeau en conserve

15 ml/1 cuillère à soupe de farine de maïs (amidon de maïs)

15 ml/1 cuillère à soupe de sauce soja

45 ml/3 cuillères à soupe de sauce aux huîtres

30 ml/2 cuillères à soupe d'huile d'arachide

2 oz/50 g de bacon fumé haché

Égoutter la boîte d'ormeau et réserver 90 ml/6 cuillères à soupe de liquide. Mélangez-le avec de la semoule de maïs, de la sauce soja et de la sauce aux huîtres. Faites chauffer l'huile et faites revenir les ormeaux égouttés pendant 1 minute. Ajouter le mélange de sauce et cuire en remuant pendant environ 1 minute jusqu'à ce que le tout soit bien chaud. Transférer dans une assiette de service chaude et servir garni de bacon.

palourdes cuites à la vapeur

pour 4 personnes

24 mollusques

Frottez bien les palourdes puis faites-les tremper dans de l'eau salée pendant quelques heures. Rincer sous l'eau courante et déposer dans un plat peu profond allant au four. Placer sur une grille dans un cuiseur vapeur, couvrir et cuire dans l'eau bouillante pendant environ 10 minutes jusqu'à ce que toutes les palourdes soient ouvertes. Jetez ceux qui restent fermés. Servir avec des sauces.

palourdes aux germes de soja

pour 4 personnes

24 mollusques
15 ml/1 cuillère à soupe d'huile d'arachide
5 oz/150 g de germes de soja
1 poivron vert coupé en lanières
2 oignons (oignons verts), hachés
15 ml/1 cuillère à soupe de vin de riz ou de xérès sec
sel et poivre fraîchement moulu
2,5 ml/¬Ω cuillère d'huile de sésame
2 oz/50 g de bacon fumé haché

Frottez bien les palourdes puis faites-les tremper dans de l'eau salée pendant quelques heures. Rincer à l'eau courante. Faites bouillir de l'eau dans une casserole, ajoutez les palourdes et faites-les bouillir quelques minutes jusqu'à ce qu'elles s'ouvrent. Égoutter et jeter ceux qui restent fermés. Retirez les palourdes de la coquille.

Faites chauffer l'huile et faites revenir les germes de soja pendant 1 minute. Ajouter le poivron et les pois chiches et faire revenir 2 minutes. Ajoutez le vin ou le xérès et assaisonnez de sel et de poivre. Faites bien chauffer, puis ajoutez les palourdes et remuez jusqu'à ce qu'elles soient bien mélangées et bien chaudes. Transférer dans une assiette de service chaude et servir arrosé d'huile de sésame et de bacon.

palourdes au gingembre et à l'ail

pour 4 personnes

24 mollusques

15 ml/1 cuillère à soupe d'huile d'arachide

2 tranches de racine de gingembre, hachées

2 gousses d'ail pressées

15 ml/1 cuillère à soupe d'eau

5 ml/1 cuillère à café d'huile de sésame

sel et poivre fraîchement moulu

Frottez bien les palourdes puis faites-les tremper dans de l'eau salée pendant quelques heures. Rincer à l'eau courante. Faites chauffer l'huile et faites revenir le gingembre et l'ail pendant 30 secondes. Ajouter les palourdes, l'eau et l'huile de sésame, couvrir et cuire environ 5 minutes jusqu'à ce que les palourdes s'ouvrent. Jetez ceux qui restent fermés. Saupoudrer légèrement de sel et de poivre et servir immédiatement.

palourdes frites

pour 4 personnes

24 mollusques

60 ml/4 cuillères à soupe d'huile d'arachide

4 gousses d'ail, émincées

1 oignon haché

2,5 ml/¬Ω cuillère de sel

Frottez bien les palourdes puis faites-les tremper dans de l'eau salée pendant quelques heures. Rincer sous l'eau courante puis sécher. Faites chauffer l'huile et faites revenir l'ail, l'oignon et le sel jusqu'à ce qu'ils soient tendres. Ajouter les palourdes, couvrir et laisser mijoter à feu doux pendant environ 5 minutes jusqu'à ce que toutes les coquilles s'ouvrent. Jetez ceux qui restent fermés. Faire frire doucement pendant 1 minute en mélangeant avec de l'huile.

beignets de crabe

pour 4 personnes

8 oz/225 g de germes de soja

4 cuillères à soupe/60 ml d'huile d'arachide 4 oz/100 g de pousses de bambou coupées en lanières

1 oignon haché

8 oz/225 g de chair de crabe, râpée

4 œufs légèrement battus

15 ml/1 cuillère à soupe de farine de maïs (amidon de maïs)

30 ml/2 cuillères à soupe de sauce soja

sel et poivre fraîchement moulu

Blanchir les germes de soja dans l'eau bouillante pendant 4 minutes puis égoutter. Faites chauffer la moitié de l'huile et faites revenir les germes de soja, les pousses de bambou et l'oignon jusqu'à ce qu'ils soient tendres. Retirer du feu et mélanger le reste des ingrédients, à l'exception de l'huile. Faites chauffer le reste de l'huile dans une poêle propre et faites frire des cuillères à soupe du mélange de chair de crabe pour faire des petits gâteaux. Faire frire jusqu'à ce qu'ils soient légèrement dorés des deux côtés et servir immédiatement.

Crème de crabe

pour 4 personnes

8 oz/225 g de chair de crabe
5 oeufs battus
1 oignon (oignon) finement haché
250 ml/8 ml oz/1 tasse d'eau
5 ml/1 cuillère à café de sel
5 ml/1 cuillère à café d'huile de sésame

Mélangez bien tous les ingrédients. Placer dans un bol, couvrir et placer au bain-marie sur de l'eau chaude ou sur une grille à vapeur. Laisser mijoter environ 35 minutes jusqu'à obtenir la consistance d'une crème, en remuant de temps en temps. Servir avec du riz.

Chair de crabe aux feuilles chinoises

pour 4 personnes

1 lb/450 g de feuilles de porcelaine broyées
45 ml/3 cuillères d'huile végétale
2 oignons (oignons verts), hachés
8 oz/225 g de chair de crabe
15 ml/1 cuillère à soupe de sauce soja
15 ml/1 cuillère à soupe de vin de riz ou de xérès sec
5 ml/1 cuillère à café de sel

Blanchir les feuilles de chinois dans l'eau bouillante pendant 2 minutes, puis bien les égoutter et les rincer à l'eau froide. Faites chauffer l'huile et faites revenir les oignons jusqu'à ce qu'ils soient légèrement dorés. Ajoutez la chair de crabe et faites revenir 2 minutes. Ajouter les feuilles de chinois et faire revenir 4 minutes. Ajouter la sauce soja, le vin ou le xérès et le sel et bien mélanger. Ajouter le bouillon et la semoule de maïs, porter à ébullition et cuire en remuant pendant 2 minutes jusqu'à ce que la sauce s'éclaircisse et épaississe.

Crabe Foo Yung aux germes de soja

pour 4 personnes

6 oeufs battus
45 ml/3 cuillères à soupe de farine de maïs (amidon de maïs)
8 oz/225 g de chair de crabe
4 oz/100 g de germes de soja
2 oignons (oignons verts), finement hachés
2,5 ml/¬Ω cuillère de sel
45 ml/3 cuillères à soupe d'huile d'arachide

Battez les œufs puis incorporez la semoule de maïs. Mélangez le reste des ingrédients sauf l'huile. Faites chauffer l'huile et versez le mélange dans la poêle petit à petit pour faire de petites crêpes d'environ 7,5 cm de large. Faites frire jusqu'à ce que le fond soit doré, puis retournez et faites frire de l'autre côté.

Crabe au gingembre

pour 4 personnes

15 ml/1 cuillère à soupe d'huile d'arachide
2 tranches de racine de gingembre, hachées
4 oignons (oignons verts), hachés
3 gousses d'ail pressées
1 poivron rouge, émincé
12 oz/350 g de chair de crabe, hachée
2,5 ml/¬Ω cuillère de pâte de poisson
2,5 ml/¬Ω cuillère d'huile de sésame
15 ml/1 cuillère à soupe de vin de riz ou de xérès sec
5 ml/1 cuillère à café de farine de maïs (amidon de maïs)
15 ml/1 cuillère à soupe d'eau

Faites chauffer l'huile et faites revenir le gingembre, les oignons, l'ail et le piment pendant 2 minutes. Ajouter la chair de crabe et remuer jusqu'à ce qu'elle soit bien enrobée d'épices. Ajoutez la pâte de poisson. Mélangez le reste des ingrédients jusqu'à obtenir une pâte, puis mélangez-les dans la poêle et laissez cuire 1 minute. Sers immédiatement.

Lo Mein au crabe

pour 4 personnes

4 oz/100 g de germes de soja
30 ml/2 cuillères à soupe d'huile d'arachide
5 ml/1 cuillère à café de sel
1 oignon, tranché
4 oz/100 g de champignons, tranchés
8 oz/225 g de chair de crabe, râpée
4 oz/100 g de tiges de bambou, tranchées
nouilles sautées
30 ml/2 cuillères à soupe de sauce soja
5 ml/1 cuillère à café de sucre
5 ml/1 cuillère à café d'huile de sésame
sel et poivre fraîchement moulu

Blanchir les germes de soja dans l'eau bouillante pendant 5 minutes puis égoutter. Faites chauffer l'huile et faites revenir le sel et l'oignon jusqu'à ce qu'ils soient tendres. Ajouter les champignons et faire revenir jusqu'à ce qu'ils soient tendres. Ajoutez la chair de crabe et faites revenir 2 minutes. Ajoutez les germes de soja et les pousses de bambou et faites revenir 1 minute. Ajouter les nouilles égouttées dans la poêle et mélanger délicatement. Mélanger la sauce soja, le sucre et l'huile de sésame et assaisonner de sel et de poivre. Incorporer la poêle jusqu'à ce qu'elle soit bien chaude.

Crabe frit au porc

pour 4 personnes

30 ml/2 cuillères à soupe d'huile d'arachide
4 oz/100 g de porc haché (haché)
12 oz/350 g de chair de crabe, hachée
2 tranches de racine de gingembre, hachées
2 œufs légèrement battus
15 ml/1 cuillère à soupe de sauce soja
15 ml/1 cuillère à soupe de vin de riz ou de xérès sec
30 ml/2 cuillères d'eau
sel et poivre fraîchement moulu
4 oignons (oignons verts), coupés en lanières

Faites chauffer l'huile et faites revenir le porc jusqu'à ce qu'il brunisse. Ajouter la chair de crabe et le gingembre et cuire 1 minute. Ajoutez les œufs. Ajoutez la sauce soja, le vin ou le xérès, l'eau, le sel et le poivre et laissez cuire environ 4 minutes en remuant. Servir garni d'oignons.

Chair de crabe frite

pour 4 personnes

30 ml/2 cuillères à soupe d'huile d'arachide
1 livre/450 g de chair de crabe, hachée
2 oignons (oignons verts), hachés
2 tranches de racine de gingembre, hachées
30 ml/2 cuillères à soupe de sauce soja
30 ml/2 cuillères à soupe de vin de riz ou de xérès sec
2,5 ml/¬Ω cuillère de sel
15 ml/1 cuillère à soupe de farine de maïs (amidon de maïs)
60 ml/4 cuillères d'eau

Faites chauffer l'huile et faites revenir la chair de crabe, les oignons et le gingembre pendant 1 minute. Ajouter la sauce soja, le vin ou le xérès et le sel, couvrir et laisser mijoter 3 minutes. Mélangez la semoule de maïs et l'eau pour obtenir une pâte, mélangez dans la poêle et faites cuire en remuant jusqu'à ce que la sauce s'éclaircisse et épaississe.

Boulettes de seiche frites

pour 4 personnes
450 g/1 kilo de seiche
50 g de saindoux, en cubes
1 blanc d'oeuf
2,5 ml/¬Ω cuillère à café de sucre
2,5 ml/¬Ω cuillère à café de semoule de maïs (amidon de maïs)
sel et poivre fraîchement moulu
huile de friture

Coupez la seiche et broyez-la ou réduisez-la en purée. Mélangez-les avec le sel, le blanc d'œuf, le sucre et la fécule de maïs et mélangez-les avec du sel et du poivre. Pressez le mélange en petites boules. Faites chauffer l'huile et faites revenir les boulettes de seiche, par lots si nécessaire, jusqu'à ce qu'elles flottent sur l'huile et soient dorées. Bien égoutter et servir immédiatement.

Homard cantonais

pour 4 personnes

2 homards

30 ml/2 cuillères d'huile

15 ml/1 cuillère à soupe de sauce aux haricots noirs

1 gousse d'ail, écrasée

1 oignon haché

8 oz/225 g de porc haché (haché)

45 ml/3 cuillères à soupe de sauce soja

5 ml/1 cuillère à café de sucre

sel et poivre fraîchement moulu

15 ml/1 cuillère à soupe de farine de maïs (amidon de maïs)
75 ml/5 cuillères d'eau
1 œuf battu

Ouvrir les homards, retirer la chair et les couper en cubes de 1/2,5 cm. Faites chauffer l'huile et faites revenir la sauce aux haricots noirs, l'ail et l'oignon jusqu'à ce qu'ils soient légèrement colorés. Ajouter le porc et faire revenir jusqu'à ce qu'il soit doré. Ajouter la sauce soja, le sucre, le sel, le poivre et le homard, couvrir et laisser mijoter environ 10 minutes. Mélangez la semoule de maïs et l'eau pour obtenir une pâte, mélangez dans la poêle et faites cuire en remuant jusqu'à ce que la sauce s'éclaircisse et épaississe. Éteignez le feu et ajoutez l'œuf avant de servir.

homard frit

pour 4 personnes

1 livre/450 g de chair de homard
30 ml/2 cuillères à soupe de sauce soja
5 ml/1 cuillère à café de sucre
1 œuf battu
30 ml/3 cuillères à soupe de farine nature (pour les utilisations).
huile de friture

Coupez la chair de homard en cubes de 1/2,5 cm et mélangez-la avec la sauce soja et le sucre. Laissez reposer 15 minutes puis égouttez. Battre l'œuf et la farine, puis ajouter le homard et bien mélanger pour bien l'enrober. Faites chauffer l'huile et faites frire le homard jusqu'à ce qu'il soit doré. Égoutter sur du papier absorbant avant de servir.

Homard cuit à la vapeur et bacon

pour 4 personnes
4 œufs légèrement battus
60 ml/4 cuillères d'eau
5 ml/1 cuillère à café de sel
15 ml/1 cuillère à soupe de sauce soja
1 lb/450 g de chair de homard, hachée
15 ml/1 cuillère à soupe de bacon fumé émincé
15 ml/1 cuillerée de persil frais haché

Battez les œufs avec l'eau, le sel et la sauce soja. Verser dans un bol allant au four et saupoudrer de chair de homard. Placez le bol sur une grille dans un cuiseur vapeur, couvrez et faites cuire à la vapeur pendant 20 minutes jusqu'à ce que les œufs soient pris. Servir garni de bacon et de persil.

Homard aux champignons

pour 4 personnes

1 livre/450 g de chair de homard

15 ml/1 cuillère à soupe de farine de maïs (amidon de maïs)

60 ml/4 cuillères d'eau

30 ml/2 cuillères à soupe d'huile d'arachide

4 oignons (oignons verts), tranchés épaississement

4 oz/100 g de champignons, tranchés

2,5 ml/¬Ω cuillère de sel

1 gousse d'ail, écrasée

30 ml/2 cuillères à soupe de sauce soja
15 ml/1 cuillère à soupe de vin de riz ou de xérès sec

Coupez la chair du homard en cubes de 1/2,5 cm. Mélangez la semoule de maïs et l'eau jusqu'à obtenir une pâte et ajoutez les cubes de homard au mélange pour les enrober. Faites chauffer la moitié de l'huile et faites frire les cubes de homard jusqu'à ce qu'ils soient légèrement dorés. Retirez-les de la poêle. Faites chauffer le reste de l'huile et faites revenir les oignons jusqu'à ce qu'ils soient légèrement dorés. Ajoutez les champignons et faites revenir 3 minutes. Ajoutez le sel, l'ail, la sauce soja et le vin ou le xérès et faites frire pendant 2 minutes. Remettez le homard dans la poêle et faites-le revenir jusqu'à ce qu'il soit bien chaud.

Queues de homard au porc

pour 4 personnes
3 champignons chinois séchés
4 queues de homard
60 ml/4 cuillères à soupe d'huile d'arachide
4 oz/100 g de porc haché (haché)
2 oz/50 g de châtaignes d'eau, hachées finement
sel et poivre fraîchement moulu
2 gousses d'ail pressées
45 ml/3 cuillères à soupe de sauce soja

30 ml/2 cuillères à soupe de vin de riz ou de xérès sec
30 ml/2 cuillères à soupe de sauce aux haricots noirs
10 ml/2 cuillères à soupe de farine de maïs (amidon de maïs)
120 ml/4 fl oz/¬Ω tasse d'eau

Faites tremper les champignons dans l'eau tiède pendant 30 minutes puis égouttez-les. Jetez les tiges et hachez les chapeaux. Coupez les queues de homard en deux dans le sens de la longueur. Retirez la chair des queues de homard en réservant les carapaces. Faites chauffer la moitié de l'huile et faites frire le porc jusqu'à ce qu'il soit doré. Retirer du feu et incorporer les champignons, la chair de homard, les châtaignes d'eau, le sel et le poivre. Remettez la viande dans les carapaces de homard et placez-la dans un plat allant au four. Placer sur une grille dans un cuiseur vapeur, couvrir et cuire à la vapeur pendant environ 20 minutes jusqu'à ce qu'il soit cuit. Pendant ce temps, faites chauffer le reste de l'huile et faites revenir l'ail, la sauce soja, le vin ou le xérès et la sauce aux haricots noirs pendant 2 minutes. Mélangez la semoule de maïs et l'eau jusqu'à obtenir une pâte, mélanger dans la poêle et cuire en remuant jusqu'à ce que la sauce épaississe. Disposez le homard sur une assiette de service chaude, versez dessus la sauce et servez aussitôt.

Homard frit

pour 4 personnes

1 livre/450 g de queues de homard

30 ml/2 cuillères à soupe d'huile d'arachide

1 gousse d'ail, écrasée

2,5 ml/¬Ω cuillère de sel

12 oz/350 g de germes de soja

2 onces/50 g de champignons

4 oignons (oignons verts), tranchés épaissement

150 ml/¬° pt/ ¬Ω tasse généreuse de bouillon de poulet

15 ml/1 cuillère à soupe de farine de maïs (amidon de maïs)

Portez l'eau à ébullition dans une casserole, ajoutez les queues de homard et faites bouillir 1 minute. Égouttez, laissez refroidir, pelez et coupez en tranches épaisses. Faites chauffer l'huile avec l'ail et le sel et faites revenir jusqu'à ce que l'ail devienne un peu doré. Ajouter le homard et faire revenir 1 minute. Ajouter les germes de soja et les champignons et faire revenir 1 minute. Ajoutez les pois chiches. Ajouter l'essentiel du bouillon, porter à ébullition, couvrir et laisser mijoter 3 minutes. Mélanger la semoule de maïs avec le reste du liquide, mélanger dans la poêle et cuire en remuant jusqu'à ce que la sauce soit diluée et épaissie.

nids de homard

pour 4 personnes

30 ml/2 cuillères à soupe d'huile d'arachide

5 ml/1 cuillère à café de sel

1 oignon émincé

4 oz/100 g de champignons, tranchés

4 oz/100 g de pousses de bambou, tranchées 8 oz/225 g de chair de homard cuite
15 ml/1 cuillère à soupe de vin de riz ou de xérès sec
120 ml/4 fl oz/¬Ω tasse de bouillon de poulet
pincée de poivre fraîchement moulu
10 ml/2 cuillères à café de semoule de maïs (amidon de maïs)
15 ml/1 cuillère à soupe d'eau
4 paniers de nouilles

Faites chauffer l'huile et faites revenir le sel et l'oignon jusqu'à ce qu'ils soient tendres. Ajoutez les champignons et les pousses de bambou et faites revenir 2 minutes. Ajouter la chair de homard, le vin ou le sherry et le bouillon, porter à ébullition, couvrir et laisser mijoter 2 minutes. Assaisonner de poivre. Mélangez la semoule de maïs et l'eau pour obtenir une pâte, mélangez dans la poêle et faites cuire en remuant jusqu'à ce que la sauce épaississe. Placer les nids de nouilles sur une assiette de service chaude et garnir de homard.

Moules à la sauce aux haricots noirs

pour 4 personnes
45 ml/3 cuillères à soupe d'huile d'arachide
2 gousses d'ail pressées
2 tranches de racine de gingembre, hachées

30 ml/2 cuillères à soupe de sauce aux haricots noirs
15 ml/1 cuillère à soupe de sauce soja
3 lb/1,5 kg de moules, lavées et décortiquées
2 oignons (oignons verts), hachés

Faites chauffer l'huile et faites revenir l'ail et le gingembre pendant 30 secondes. Ajoutez la sauce aux haricots noirs et la sauce soja et faites revenir 10 secondes. Ajouter les moules, couvrir et cuire environ 6 minutes jusqu'à ce que les moules soient ouvertes. Jetez ceux qui restent fermés. Transférer dans une assiette de service chaude et servir parsemé de ciboulette.

Moules au gingembre

pour 4 personnes

45 ml/3 cuillères à soupe d'huile d'arachide
2 gousses d'ail pressées
4 tranches de racine de gingembre, hachées
3 lb/1,5 kg de moules, lavées et décortiquées

45 ml/3 cuillères d'eau
15 ml/1 cuillère à soupe de sauce de mer

Faites chauffer l'huile et faites revenir l'ail et le gingembre pendant 30 secondes. Ajouter les moules et l'eau, couvrir et cuire environ 6 minutes jusqu'à ce que les moules soient ouvertes. Jetez ceux qui restent fermés. Transférer dans une assiette de service chaude et servir arrosé de sauce aux huîtres.

Moules vapeur

pour 4 personnes

3 lb/1,5 kg de moules, lavées et décortiquées
45 ml/3 cuillères à soupe de sauce soja
3 oignons (oignons verts), finement hachés

Placez les moules sur une grille dans un cuiseur vapeur, couvrez et faites cuire dans l'eau bouillante pendant environ 10 minutes jusqu'à ce que toutes les moules soient ouvertes. Jetez ceux qui restent fermés. Transférer dans une assiette de service chaude et servir arrosé de sauce soja et d'oignons verts.

huîtres frites

pour 4 personnes

24 huîtres, tranchées

sel et poivre fraîchement moulu

1 œuf battu

50 g/2 oz/¬Ω tasse de farine nature (tout usage).

250 ml/8 ml oz/1 tasse d'eau

huile de friture

4 oignons (oignons verts), hachés

Saupoudrer les huîtres de sel et de poivre. Battez l'œuf avec la farine et l'eau jusqu'à obtenir une pâte et utilisez-la pour enrober les huîtres. Faites chauffer l'huile et faites frire les huîtres jusqu'à ce qu'elles soient dorées. Égoutter sur du papier absorbant et servir garni de ciboulette.

huîtres au bacon

pour 4 personnes

6 onces/175 g de jambon

24 huîtres, tranchées

1 œuf légèrement battu

15 ml/1 cuillère à soupe d'eau

45 ml/3 cuillères à soupe d'huile d'arachide

2 oignons, hachés

15 ml/1 cuillère à soupe de farine de maïs (amidon de maïs)
15 ml/1 cuillère à soupe de sauce soja
90 ml/6 cuillères à soupe de bouillon de poulet

Coupez le bacon en morceaux et enroulez un morceau autour de chaque huître. Battez l'œuf avec l'eau, puis plongez-le dans les huîtres pour l'enrober. Faites chauffer la moitié de l'huile et faites frire les huîtres jusqu'à ce qu'elles soient légèrement dorées des deux côtés, puis retirez-les de la poêle et égouttez la graisse. Faites chauffer le reste de l'huile et faites revenir les oignons jusqu'à ce qu'ils soient tendres. Mélanger la semoule de maïs, la sauce soja et le bouillon jusqu'à consistance lisse, verser dans la poêle et cuire en remuant jusqu'à ce que la sauce s'éclaircisse et épaississe. Versez sur les huîtres et servez aussitôt.

Perles frites au gingembre

pour 4 personnes

24 huîtres, tranchées
2 tranches de racine de gingembre, hachées
30 ml/2 cuillères à soupe de sauce soja
15 ml/1 cuillère à soupe de vin de riz ou de xérès sec
4 oignons (oignons verts), coupés en lanières

4 oz/100 g de bacon

1 oeuf

50 g/2 oz/¬Ω tasse de farine nature (tout usage).

sel et poivre fraîchement moulu

huile de friture

1 citron, coupé en quartiers

Placez les huîtres dans un bol avec le gingembre, la sauce soja et le vin ou le xérès et mélangez bien pour bien les enrober. Laissez reposer 30 minutes. Placez quelques lanières d'oignon nouveau sur chaque huître. Coupez le bacon en morceaux et enroulez un morceau autour de chaque huître. Battez l'œuf et la farine jusqu'à obtenir une pâte et assaisonnez de sel et de poivre. Tremper les huîtres dans la pâte jusqu'à ce qu'elles soient bien enrobées. Faites chauffer l'huile et faites frire les huîtres jusqu'à ce qu'elles soient dorées. Servir garni de quartiers de citron.

huîtres à la sauce aux haricots noirs

pour 4 personnes

12 oz/350 g d'huîtres écaillées

120 ml/4 fl oz/¬Ω tasse d'huile d'arachide

2 gousses d'ail pressées

3 oignons (oignons verts), tranchés

15 ml/1 cuillère à soupe de sauce aux haricots noirs

30 ml/2 cuillères à soupe de sauce soja noire
15 ml/1 cuillère à soupe d'huile de sésame
pincée de poudre de chili

Blanchir les huîtres dans l'eau bouillante pendant 30 secondes, puis égoutter. Faites chauffer l'huile et faites revenir l'ail et la ciboulette pendant 30 secondes. Ajouter la sauce aux haricots noirs, la sauce soja, l'huile de sésame et les huîtres et assaisonner au goût avec de la poudre de chili. Faire frire jusqu'à ce qu'il soit bien chaud et servir immédiatement.

Coquilles Saint-Jacques aux tiges de bambou

pour 4 personnes

60 ml/4 cuillères à soupe d'huile d'arachide
6 oignons (oignons verts), hachés
8 oz/225 g de champignons, coupés en quartiers
15 ml/1 cuillère de sucre
1 livre/450 g de pétoncles tranchés

2 tranches de racine de gingembre, hachées
8 oz/225 g de tiges de bambou, tranchées
sel et poivre fraîchement moulu
300 ml/¬Ω pt/1 ¬° verre d'eau
30 ml/2 cuillères à soupe de vinaigre de vin
30 ml/2 cuillères à soupe de farine de maïs (amidon de maïs)
150 ml/¬° pt/ ¬Ω généreuse tasse d'eau
45 ml/3 cuillères à soupe de sauce soja

Faites chauffer l'huile et faites revenir les oignons et les champignons pendant 2 minutes. Ajoutez le sucre, les noix de Saint-Jacques, le gingembre, les pousses de bambou, salez et poivrez, couvrez et laissez mijoter 5 minutes. Ajoutez l'eau et le vinaigre de vin, portez à ébullition, couvrez et laissez mijoter 5 minutes. Mélangez la semoule de maïs et l'eau pour obtenir une pâte, mélangez dans la poêle et faites cuire en remuant jusqu'à ce que la sauce épaississe. Assaisonner de sauce soja et servir.

Coquilles Saint-Jacques aux œufs

pour 4 personnes
45 ml/3 cuillères à soupe d'huile d'arachide
12 oz/350 g de pétoncles tranchés
1 oz/25 g de bacon fumé haché
30 ml/2 cuillères à soupe de vin de riz ou de xérès sec

5 ml/1 cuillère à café de sucre

2,5 ml/½ cuillère de sel

pincée de poivre fraîchement moulu

2 œufs légèrement battus

15 ml/1 cuillère à soupe de sauce soja

Faites chauffer l'huile et faites revenir les pétoncles pendant 30 secondes. Ajoutez le bacon et faites revenir 1 minute. Ajoutez le vin ou le xérès, le sucre, le sel et le poivre et faites sauter pendant 1 minute. Ajoutez les œufs et remuez doucement à feu vif jusqu'à ce que les ingrédients soient bien enrobés d'œuf. Servir arrosé de sauce soja.

pétoncles au brocoli

pour 4 personnes

12 oz/350 g de pétoncles, tranchés

3 tranches de racine de gingembre, hachées

½ petite carotte, coupée en tranches

1 gousse d'ail, écrasée

3 cuillères à soupe/45 ml de farine nature (tout usage)

2,5 ml/½ cuillère à café de bicarbonate de soude (bicarbonate de sodium)

30 ml/2 cuillères à soupe d'huile d'arachide

15 ml/1 cuillère à soupe d'eau

1 banane, tranchée

huile de friture

10 oz/275 g de brocoli

sel

5 ml/1 cuillère à café d'huile de sésame

2,5 ml/½ cuillère à café de sauce piquante

2,5 ml/½ cuillère à soupe de vinaigre de vin

2,5 ml/½ cuillère de purée de tomates (pâte)

Mélangez les Saint-Jacques avec le gingembre, la carotte et l'ail et laissez reposer. Mélangez la farine, le bicarbonate de soude, 15 ml/1 cuillère à soupe d'huile et l'eau pour obtenir une pâte et utilisez-la pour enrober les tranches de banane. Faites chauffer l'huile et faites frire les plantains jusqu'à ce qu'ils soient dorés, puis égouttez-les et placez-les autour d'une assiette de service chaude. Pendant ce temps, faites cuire le brocoli dans de l'eau bouillante salée jusqu'à ce qu'il soit tendre, puis égouttez-le. Faites chauffer le reste de l'huile avec l'huile de sésame, faites revenir brièvement le brocoli et disposez-le autour de l'assiette avec les bananes. Ajouter la sauce chili, le vinaigre de vin et la purée de tomates dans la poêle et faire revenir les pétoncles jusqu'à ce qu'ils soient bien cuits. Verser sur une assiette de service et servir aussitôt.

Coquilles Saint-Jacques au gingembre

pour 4 personnes

45 ml/3 cuillères à soupe d'huile d'arachide

2,5 ml/¬Ω cuillère de sel

3 tranches de racine de gingembre, hachées
2 oignons (oignons verts), tranchés épaissement
1 livre/450 g de pétoncles, coupés en deux
15 ml/1 cuillère à soupe de farine de maïs (amidon de maïs)
60 ml/4 cuillères d'eau

Faites chauffer l'huile et faites revenir le sel et le gingembre pendant 30 secondes. Ajoutez les pois chiches et faites-les frire jusqu'à ce qu'ils prennent une couleur brun clair. Ajouter les pétoncles et cuire 3 minutes. Mélangez la semoule de maïs et l'eau pour obtenir une pâte, ajoutez-la à la poêle et faites cuire à feu doux en remuant jusqu'à épaississement. Sers immédiatement.

Coquilles Saint-Jacques au jambon

pour 4 personnes

1 livre/450 g de pétoncles, coupés en deux

250 ml/8 ml oz/1 tasse de vin de riz ou de xérès sec
1 oignon, finement haché
2 tranches de racine de gingembre, hachées
2,5 ml/¬Ω cuillère de sel
100 g de jambon fumé haché

Placez les pétoncles dans un bol et ajoutez le vin ou le xérès. Couvrir et laisser mariner 30 minutes en les retournant de temps en temps, puis égoutter les pétoncles et jeter la marinade. Disposez les Saint-Jacques dans un plat allant au four avec le reste des ingrédients. Placez le récipient sur une grille dans un cuiseur vapeur, couvrez et faites cuire à la vapeur dans l'eau bouillante pendant environ 6 minutes jusqu'à ce que les pétoncles soient tendres.

Coquilles Saint-Jacques sautées aux herbes

pour 4 personnes
8 oz/225 g de pétoncles tranchés

30 ml/2 cuillères à soupe de coriandre fraîche hachée
4 oeufs battus
15 ml/1 cuillère à soupe de vin de riz ou de xérès sec
sel et poivre fraîchement moulu
15 ml/1 cuillère à soupe d'huile d'arachide

Placer les pétoncles dans un cuiseur vapeur et cuire à la vapeur pendant environ 3 minutes jusqu'à ce qu'ils soient bien cuits, selon leur taille. Retirer de la vapeur et saupoudrer de coriandre. Battez les œufs avec le vin ou le xérès et assaisonnez au goût avec du sel et du poivre. Incorporer les pétoncles et la coriandre. Faites chauffer l'huile et faites frire le mélange de pétoncles et d'œufs, en remuant constamment, jusqu'à ce que les œufs soient pris. Sers immédiatement.

Coquilles Saint-Jacques et oignons frits

pour 4 personnes

45 ml/3 cuillères à soupe d'huile d'arachide

1 oignon, tranché

1 livre/450 g de filet de pétoncles, coupés en quartiers

sel et poivre fraîchement moulu

15 ml/1 cuillère à soupe de vin de riz ou de xérès sec

Faites chauffer l'huile et faites revenir l'oignon jusqu'à ce qu'il soit tendre. Ajouter les pétoncles et faire revenir jusqu'à ce qu'ils soient légèrement dorés. Assaisonner de sel et de poivre, arroser de vin ou de xérès et servir immédiatement.

Coquilles Saint-Jacques aux légumes

Pour 4 à 6 personnes

4 champignons chinois séchés

2 oignons

30 ml/2 cuillères à soupe d'huile d'arachide

3 branches de céleri, coupées en diagonale

8 oz/225 g de haricots verts, tranchés en diagonale

10 ml/2 cuillères à café de racine de gingembre râpée

1 gousse d'ail, écrasée

20 ml/4 cuillères à café de farine de maïs (amidon de maïs)

250 ml/8 ml oz/1 tasse de bouillon de poulet

30 ml/2 cuillères à soupe de vin de riz ou de xérès sec

30 ml/2 cuillères à soupe de sauce soja

1 livre/450 g de filet de pétoncles, coupés en quartiers

6 oignons (oignons verts), tranchés

15 oz/425 g d'épis de maïs en conserve

Faites tremper les champignons dans l'eau tiède pendant 30 minutes puis égouttez-les. Jetez les tiges et coupez les sommets. Tranchez les oignons et séparez les couches. Faites chauffer l'huile et faites revenir les oignons, le céleri, les haricots, le gingembre et l'ail pendant 3 minutes. Mélangez la semoule de maïs avec un peu de bouillon, puis incorporez le reste du bouillon, le vin ou le xérès et la sauce soja. Ajouter au wok et porter à ébullition en remuant. Ajouter les champignons, les pétoncles, les oignons et le maïs et faire revenir environ 5 minutes jusqu'à ce que les pétoncles soient tendres.

pétoncles aux poivrons

pour 4 personnes

30 ml/2 cuillères à soupe d'huile d'arachide

3 oignons (oignons verts), hachés

1 gousse d'ail, écrasée

2 tranches de racine de gingembre, hachées

2 poivrons rouges, coupés en dés

1 livre/450 g de pétoncles tranchés

30 ml/2 cuillères à soupe de vin de riz ou de xérès sec

15 ml/1 cuillère à soupe de sauce soja

15 ml/1 cuillère à soupe de sauce aux haricots jaunes

5 ml/1 cuillère à café de sucre

5 ml/1 cuillère à café d'huile de sésame

Faites chauffer l'huile et faites revenir les oignons, l'ail et le gingembre pendant 30 secondes. Ajoutez les poivrons et faites revenir 1 minute. Ajouter les pétoncles et faire frire pendant 30 secondes, puis ajouter le reste des ingrédients et cuire environ 3 minutes jusqu'à ce que les pétoncles soient tendres.

Calamars aux germes de soja

pour 4 personnes

1 livre/450 g de calamar

30 ml/2 cuillères à soupe d'huile d'arachide

15 ml/1 cuillère à soupe de vin de riz ou de xérès sec

4 oz/100 g de germes de soja

15 ml/1 cuillère à soupe de sauce soja

sel

1 poivron rouge, émincé

2 tranches de racine de gingembre, hachées

2 oignons (oignons verts), hachés

Retirez la tête, les entrailles et la membrane du calamar et coupez-le en gros morceaux. Découpez un motif entrecroisé sur chaque pièce. Faites bouillir l'eau dans une casserole, ajoutez les calamars et faites-les cuire à feu doux jusqu'à ce que les morceaux soient enveloppés, retirez-les et égouttez-les. Faites chauffer la moitié de l'huile et faites frire les calamars rapidement. Déglacer avec du vin ou du xérès. Pendant ce temps, faites chauffer le reste de l'huile et faites revenir les germes de soja jusqu'à ce qu'ils soient tendres. Assaisonner avec de la sauce soja et du sel. Disposez le piment, le gingembre et la ciboulette sur une assiette de service. Rassemblez les germes de soja au centre et garnissez de calamars. Sers immédiatement.

Calamar frit

pour 4 personnes
2 oz/50 g de farine nature (tout usage)
25 g/1 oz/° tasse de semoule de maïs (amidon de maïs)
2,5 ml/¬Ω cuillère à café de levure chimique
2,5 ml/¬Ω cuillère de sel
1 oeuf
75 ml/5 cuillères d'eau
15 ml/1 cuillère à soupe d'huile d'arachide

1 lb/450 g de calamar, coupé en rondelles
huile de friture

Fouetter ensemble la farine, la fécule de maïs, la levure chimique, le sel, l'œuf, l'eau et l'huile pour obtenir une pâte. Tremper les calamars dans la pâte jusqu'à ce qu'ils soient bien enrobés. Faites chauffer l'huile et faites revenir les calamars petit à petit jusqu'à ce qu'ils soient dorés. Égoutter sur du papier absorbant avant de servir.

paquet de calamar

pour 4 personnes
8 champignons chinois séchés
1 livre/450 g de calamar
4 oz/100 g de bacon fumé
4 onces / 100 g de tofu
1 œuf battu
15 ml/1 cuillère de farine nature (pour les utilisations).
2,5 ml/¬Ω cuillère à café de sucre

2,5 ml/½ cuillère d'huile de sésame
sel et poivre fraîchement moulu
8 peaux de wonton
huile de friture

Faites tremper les champignons dans l'eau tiède pendant 30 minutes puis égouttez-les. Jetez les tiges. Retirez les calamars et coupez-les en 8 morceaux. Coupez le jambon et le tofu en 8 morceaux. Mettez le tout dans un bol. Mélangez l'œuf avec la farine, le sucre, l'huile de sésame, le sel et le poivre. Versez sur les ingrédients dans le bol et mélangez délicatement. Placez un chapeau de champignon et un morceau de calamar, de bacon et de tofu juste en dessous du centre de chaque peau de wonton. Pliez le coin inférieur vers le haut, repliez les côtés, puis enroulez-le en mouillant les bords avec de l'eau pour sceller. Faites chauffer l'huile et faites frire les sachets pendant environ 8 minutes jusqu'à ce qu'ils soient dorés. Bien égoutter avant de servir.

Rouleaux de calamars frits

pour 4 personnes

45 ml/3 cuillères à soupe d'huile d'arachide
8 oz/225 g de rondelles de calamar
1 gros poivron vert coupé en morceaux
4 oz/100 g de tiges de bambou, tranchées
2 oignons (oignons verts), finement hachés
1 tranche de racine de gingembre, hachée finement
45 ml/2 cuillères à soupe de sauce soja
30 ml/2 cuillères à soupe de vin de riz ou de xérès sec
15 ml/1 cuillère à soupe de farine de maïs (amidon de maïs)
15 ml/1 cuillère à soupe de bouillon de poisson ou d'eau
5 ml/1 cuillère à café de sucre
5 ml/1 cuillère à café de vinaigre de vin
5 ml/1 cuillère à café d'huile de sésame
sel et poivre fraîchement moulu

Faites chauffer 15 ml/1 cuillère à soupe d'huile et faites revenir rapidement les calamars jusqu'à ce qu'ils soient dorés. Pendant ce temps, faites chauffer le reste de l'huile dans une poêle à part et faites revenir le poivron, les tiges de bambou, l'oignon et le gingembre pendant 2 minutes. Ajouter les calamars et faire revenir 1 minute. Ajouter la sauce soja, le vin ou le xérès, la semoule de maïs, le bouillon, le sucre, le vinaigre de vin et l'huile de sésame et assaisonner de sel et de poivre. Faire frire jusqu'à ce que la sauce soit claire et épaissie.

Calamar frit

pour 4 personnes

45 ml/3 cuillères à soupe d'huile d'arachide

3 oignons (oignons verts), tranchés épaissement

2 tranches de racine de gingembre, hachées

1 lb/450 g de calamar, coupé en morceaux

15 ml/1 cuillère à soupe de sauce soja

15 ml/1 cuillère à soupe de vin de riz ou de xérès sec

5 ml/1 cuillère à café de farine de maïs (amidon de maïs)

15 ml/1 cuillère à soupe d'eau

Faites chauffer l'huile et faites revenir les oignons et le gingembre jusqu'à ce qu'ils soient tendres. Ajouter les calamars et faire revenir jusqu'à ce qu'ils soient recouverts d'huile. Ajouter la sauce soja et le vin ou le xérès, couvrir et laisser mijoter 2 minutes. Mélangez la semoule de maïs et l'eau pour obtenir une pâte, ajoutez-les à la poêle et faites cuire à feu doux en remuant jusqu'à ce que la sauce épaississe et que les calamars soient tendres.

Calamars aux champignons séchés

pour 4 personnes

50 g de champignons chinois séchés
Anneaux de calamar 450g/1lb
45 ml/3 cuillères à soupe d'huile d'arachide
45 ml/3 cuillères à soupe de sauce soja
2 oignons (oignons verts), finement hachés
1 tranche de racine de gingembre, hachée
8 oz/225 g de tiges de bambou, coupées en lanières
30 ml/2 cuillères à soupe de farine de maïs (amidon de maïs)
150 ml/¬° pt/ ¬Ω tasse généreuse de bouillon de poisson

Faites tremper les champignons dans l'eau tiède pendant 30 minutes puis égouttez-les. Jetez les tiges et coupez les sommets. Blanchir les calamars quelques secondes dans l'eau bouillante.

Faites chauffer l'huile, puis ajoutez les champignons, la sauce soja, les oignons et le gingembre et faites revenir 2 minutes. Ajoutez les calamars et les pousses de bambou et faites revenir 2 minutes. Mélangez la semoule de maïs et le liquide et remuez dans la poêle. Cuire à feu doux en remuant jusqu'à ce que la sauce s'éclaircisse et épaississe.

calamar aux légumes

pour 4 personnes

45 ml/3 cuillères à soupe d'huile d'arachide

1 oignon, tranché

5 ml/1 cuillère à café de sel

1 lb/450 g de calamar, coupé en morceaux

4 oz/100 g de tiges de bambou, tranchées

2 branches de céleri coupées en tranches diagonales

60 ml/4 cuillères à soupe de bouillon de poulet

5 ml/1 cuillère à café de sucre

4 oz/100 g de pois mange-tout

5 ml/ 1 cuillère à café de farine de maïs (amidon de maïs)

15 ml/1 cuillère à soupe d'eau

Faites chauffer l'huile et faites revenir l'oignon et le sel jusqu'à ce qu'ils prennent une couleur légèrement dorée. Ajouter les calamars et faire revenir jusqu'à ce qu'ils soient enrobés d'huile. Ajoutez les pousses de bambou et le céleri et faites revenir 3 minutes. Ajouter le bouillon et le sucre, porter à ébullition, couvrir et laisser mijoter 3 minutes jusqu'à ce que les légumes soient tendres. Ajoutez la mangue. Mélangez la semoule de maïs et l'eau pour obtenir une pâte, mélangez dans la poêle et faites cuire en remuant jusqu'à ce que la sauce épaississe.

Ragoût de boeuf à l'anis

pour 4 personnes

30 ml/2 cuillères à soupe d'huile d'arachide

450 g/1 kilo de filet de bœuf

1 gousse d'ail, écrasée

45 ml/3 cuillères à soupe de sauce soja

15 ml/1 cuillère à soupe d'eau

15 ml/1 cuillère à soupe de vin de riz ou de xérès sec

5 ml/1 cuillère à café de sel

5 ml/1 cuillère à café de sucre

2 gousses d'anis étoilé

Faites chauffer l'huile et faites frire la viande jusqu'à ce qu'elle soit dorée de tous les côtés. Ajouter le reste des ingrédients, porter à ébullition, couvrir et laisser mijoter environ 45 minutes, puis retourner la viande, ajouter un peu plus d'eau et de sauce soja si la viande se dessèche. Laisser mijoter encore 45 minutes jusqu'à ce que la viande soit tendre. Incorporer l'anis étoilé avant de servir.

Boeuf aux Asperges

pour 4 personnes
1 lb/450 g de contre-filet, coupé en dés
30 ml/2 cuillères à soupe de sauce soja
30 ml/2 cuillères à soupe de vin de riz ou de xérès sec
45 ml/3 cuillères à soupe de farine de maïs (amidon de maïs)
45 ml/3 cuillères à soupe d'huile d'arachide
5 ml/1 cuillère à café de sel
1 gousse d'ail, écrasée
12 oz/350 g de pointes d'asperges
120 ml/4 fl oz/¬Ω tasse de bouillon de poulet
15 ml/1 cuillère à soupe de sauce soja

Placez le steak dans un bol. Mélangez la sauce soja, le vin ou le xérès et 30 ml/2 cuillères à soupe de maïzena, versez sur le steak et mélangez bien. Laisser mariner 30 minutes. Faites chauffer l'huile avec le sel et l'ail et faites revenir jusqu'à ce que l'ail devienne un peu doré. Ajouter la viande et la marinade et cuire 4 minutes. Ajoutez les asperges et faites revenir doucement pendant 2 minutes. Ajouter le bouillon et la sauce soja, porter à ébullition et cuire en remuant pendant 3 minutes jusqu'à ce que la viande soit cuite. Mélangez le reste de la semoule de maïs avec un peu plus d'eau ou de bouillon et incorporez-la à la sauce. Laisser mijoter en remuant pendant quelques minutes jusqu'à ce que la sauce s'éclaircisse et épaississe.

Boeuf aux Tiges de Bambou

pour 4 personnes

45 ml/3 cuillères à soupe d'huile d'arachide

1 gousse d'ail, écrasée

1 oignon (oignons verts), haché

1 tranche de racine de gingembre, hachée

8 oz/225 g de bœuf maigre, coupé en lanières

4 oz/100 g de pousses de bambou

45 ml/3 cuillères à soupe de sauce soja

15 ml/1 cuillère à soupe de vin de riz ou de xérès sec

5 ml/1 cuillère à café de farine de maïs (amidon de maïs)

Faites chauffer l'huile et faites revenir l'ail, l'oignon et le gingembre jusqu'à ce qu'ils soient légèrement colorés. Ajouter la viande et faire revenir 4 minutes jusqu'à ce qu'elle soit légèrement dorée. Ajoutez les pousses de bambou et faites revenir 3 minutes. Ajoutez la sauce soja, le vin ou le xérès et la semoule de maïs et faites frire pendant 4 minutes.

Boeuf aux pousses de bambou et champignons

pour 4 personnes

8 oz/225 g de bœuf maigre
45 ml/3 cuillères à soupe d'huile d'arachide
1 tranche de racine de gingembre, hachée
4 oz/100 g de tiges de bambou, tranchées
4 oz/100 g de champignons, tranchés
45 ml/3 cuillères à soupe de vin de riz ou de xérès sec
5 ml/1 cuillère à café de sucre
10 ml/2 cuillères à café de sauce soja

sel et poivre

120 ml/4 fl oz/¬Ω tasse de bouillon de bœuf

15 ml/1 cuillère à soupe de farine de maïs (amidon de maïs)

30 ml/2 cuillères d'eau

Tranchez finement le bœuf contre le grain. Faites chauffer l'huile et faites revenir le gingembre pendant quelques secondes. Ajouter la viande et faire revenir jusqu'à ce qu'elle soit dorée. Ajoutez les pousses de bambou et les champignons et faites revenir 1 minute. Ajoutez le vin ou le xérès, le sucre et la sauce soja et assaisonnez de sel et de poivre. Ajouter le bouillon, porter à ébullition, couvrir et laisser mijoter 3 minutes. Mélangez la farine de maïs et l'eau, mélangez-la dans la casserole et faites cuire à feu doux en remuant jusqu'à ce que la sauce épaississe.

Bœuf braisé à la chinoise

pour 4 personnes

45 ml/3 cuillères à soupe d'huile d'arachide

2 livres/900 g de steak de bœuf

1 oignon (oignon), tranché

1 gousse d'ail, hachée

1 tranche de racine de gingembre, hachée

60 ml/4 cuillères à soupe de sauce soja

30 ml/2 cuillères à soupe de vin de riz ou de xérès sec

5 ml/1 cuillère à café de sucre
5 ml/1 cuillère à café de sel
pincée de poivre
750 ml/1° pts/3 tasses d'eau bouillante

Faites chauffer l'huile et faites revenir rapidement la viande de tous les côtés. Ajoutez l'oignon nouveau, l'ail, le gingembre, la sauce soja, le vin ou le xérès, le sucre, le sel et le poivre. Porter à ébullition en remuant. Ajoutez l'eau bouillante, portez à ébullition en remuant, puis couvrez et laissez mijoter environ 2 heures jusqu'à ce que la viande soit tendre.

Boeuf aux germes de soja

pour 4 personnes

1 livre/450 g de bœuf maigre, tranché
1 blanc d'oeuf
30 ml/2 cuillères à soupe d'huile d'arachide
15 ml/1 cuillère à soupe de farine de maïs (amidon de maïs)
15 ml/1 cuillère à soupe de sauce soja
4 oz/100 g de germes de soja
1 oz/25 g de choucroute, râpée

1 poivron rouge, émincé

2 oignons (oignons verts), hachés

2 tranches de racine de gingembre, hachées

sel

5 ml/1 cuillère à café de sauce aux huîtres

5 ml/1 cuillère à café d'huile de sésame

Mélangez la viande avec le blanc d'œuf, la moitié de l'huile, la fécule de maïs et la sauce soja et laissez reposer 30 minutes. Blanchir les germes de soja dans l'eau bouillante pendant environ 8 minutes jusqu'à ce qu'ils soient presque tendres, puis égoutter. Faites chauffer le reste de l'huile et faites revenir la viande jusqu'à ce qu'elle soit légèrement dorée, puis retirez-la de la poêle. Ajoutez la choucroute, le piment, le gingembre, le sel, la sauce d'huîtres et l'huile de sésame et faites revenir 2 minutes. Ajoutez les germes de soja et faites frire pendant 2 minutes. Remettez la viande dans la poêle et faites-la frire jusqu'à ce qu'elle soit bien mélangée et bien chaude. Sers immédiatement.

Bœuf avec brocoli

pour 4 personnes

1 lb/450 g de steak, tranché finement
30 ml/2 cuillères à soupe de farine de maïs (amidon de maïs)
15 ml/1 cuillère à soupe de vin de riz ou de xérès sec
15 ml/1 cuillère à soupe de sauce soja
30 ml/2 cuillères à soupe d'huile d'arachide
5 ml/1 cuillère à café de sel
1 gousse d'ail, écrasée
8 oz/225 g de fleurons de brocoli
150 ml/¬° pt/ ¬Ω généreuse tasse de bouillon de bœuf

Placez le steak dans un bol. Mélangez 15 ml/1 cuillère à soupe de semoule de maïs avec le vin ou le xérès et la sauce soja, ajoutez à la viande et laissez mariner 30 minutes. Faites chauffer l'huile avec le sel et l'ail et faites revenir jusqu'à ce que l'ail devienne un peu doré. Ajouter le steak et la marinade et faire revenir 4 minutes. Ajouter le brocoli et cuire 3 minutes. Ajouter le bouillon, porter à ébullition, couvrir et laisser mijoter 5 minutes jusqu'à ce que le brocoli soit tendre mais encore croustillant. Mélangez le reste de la semoule de maïs avec un peu d'eau et incorporez-la à la sauce. Cuire à feu doux en remuant jusqu'à ce que la sauce s'éclaircisse et épaississe.

Viande de sésame au brocoli

pour 4 personnes

5 oz/150 g de bœuf maigre, tranché finement
2,5 ml/¬Ω cuillère à soupe de sauce aux huîtres
5 ml/1 cuillère à café de farine de maïs (amidon de maïs)
5 ml/1 cuillère à café de vinaigre de vin blanc
60 ml/4 cuillères à soupe d'huile d'arachide
100 g de fleurons de brocoli
5 ml/1 cuillère à café de sauce de poisson
2,5 ml/¬Ω cuillère de sauce soja
250 ml/8 ml oz/1 tasse de bouillon
30 ml/2 cuillères à soupe de graines de sésame

Faites mariner le bœuf avec la sauce aux huîtres, 2,5 ml/¬Ω cuillère de semoule de maïs, 2,5 ml/¬Ω cuillère de vinaigre de vin et 15 ml/¬Ω cuillère d'huile pendant 1 heure.

Pendant ce temps, faites chauffer 15 ml/1 cuillère à soupe d'huile, ajoutez le brocoli, 2,5 ml/¬Ω cuillère à soupe de sauce de poisson, la sauce soja et le reste du vinaigre de vin et couvrez d'eau bouillante. Cuire à feu doux pendant environ 10 minutes jusqu'à ce qu'il soit ramolli.

Faites chauffer 2 cuillères à soupe/30 ml d'huile dans une poêle séparée et faites revenir brièvement la viande jusqu'à ce qu'elle soit dorée. Ajouter le bouillon, le reste de la semoule de maïs et la sauce de poisson, porter à ébullition, couvrir et laisser mijoter environ 10 minutes jusqu'à ce que la viande soit tendre. Égoutter le brocoli et le déposer sur une assiette de service chaude. Garnir de viande et saupoudrer généreusement de graines de sésame.

Boeuf au barbecue

pour 4 personnes
1 lb/450 g de steak maigre, tranché
60 ml/4 cuillères à soupe de sauce soja
2 gousses d'ail pressées

5 ml/1 cuillère à café de sel

2,5 ml/¬Ω cuillère à café de poivre fraîchement moulu

10 ml/2 cuillères à café de sucre

Mélangez tous les ingrédients et laissez mijoter 3 heures. Cuire ou griller (rôtir) sur un grill chaud environ 5 minutes de chaque côté.

boeuf cantonais

pour 4 personnes

30 ml/2 cuillères à soupe de farine de maïs (amidon de maïs)

2 blancs d'œufs battus

1 lb/450 g de steak, coupé en lanières

huile de friture

4 branches de céleri, tranchées

2 oignons, tranchés

60 ml/4 cuillères d'eau

20 ml/4 cuillères à café de sel

75 ml/5 cuillères à soupe de sauce soja

60 ml/4 cuillères à soupe de vin de riz ou de xérès sec

30 ml/2 cuillères à soupe de sucre

poivre fraîchement moulu

Mélangez la moitié de la semoule de maïs avec les blancs d'œufs. Ajouter le steak et remuer pour enrober la viande de pâte. Faites chauffer l'huile et faites frire le filet jusqu'à ce qu'il soit doré. Retirer de la poêle et égoutter sur du papier absorbant. Faites chauffer 15 ml/1 cuillère à soupe d'huile et faites revenir le céleri et l'oignon pendant 3 minutes. Ajouter la viande, l'eau, le sel, la sauce soja, le vin ou le xérès et le sucre et assaisonner de poivre. Porter à ébullition et cuire en remuant jusqu'à ce que la sauce épaississe.

Boeuf aux carottes

pour 4 personnes

30 ml/2 cuillères à soupe d'huile d'arachide

1 livre/450 g de bœuf maigre, coupé en dés

2 oignons (oignons verts), tranchés

2 gousses d'ail pressées

1 tranche de racine de gingembre, hachée

250 ml/8 ml oz/1 tasse de sauce soja

30 ml/2 cuillères à soupe de vin de riz ou de xérès sec

30 ml/2 cuillères à soupe de cassonade

5 ml/1 cuillère à café de sel

600 ml/1 pt/2¬Ω verre d'eau

4 carottes, coupées en tranches diagonales

Faites chauffer l'huile et faites frire la viande jusqu'à ce qu'elle soit légèrement dorée. Égoutter l'excès d'huile et ajouter la ciboulette, l'ail, le gingembre et l'anis, faire revenir 2 minutes. Ajouter la sauce soja, le vin ou le xérès, le sucre et le sel et bien mélanger. Ajouter l'eau, porter à ébullition, couvrir et laisser mijoter 1 heure. Ajoutez les carottes, couvrez et laissez mijoter encore 30 minutes. Retirez le couvercle et laissez mijoter jusqu'à ce que la sauce ait réduit.

Bœuf aux noix de cajou

pour 4 personnes

60 ml/4 cuillères à soupe d'huile d'arachide

1 lb/450 g de steak, tranché finement

8 oignons (oignons verts), coupés en morceaux

2 gousses d'ail pressées

1 tranche de racine de gingembre, hachée
3 oz/75 g/¬œ tasse de noix de cajou grillées
120 ml/4 fl oz/¬Ω tasse d'eau
20 ml/4 cuillères à café de farine de maïs (amidon de maïs)
20 ml/4 cuillères à café de sauce soja
5 ml/1 cuillère à café d'huile de sésame
5 ml/1 cuillère à café de sauce aux huîtres
5 ml/1 cuillère à café de sauce piquante

Faites chauffer la moitié de l'huile et faites frire la viande jusqu'à ce qu'elle soit légèrement dorée. Retirer de la poêle. Faites chauffer le reste de l'huile et faites revenir les oignons, l'ail, le gingembre et les noix de cajou pendant 1 minute. Remettez la viande dans la poêle. Mélangez le reste des ingrédients et mélangez le mélange dans la poêle. Porter à ébullition et cuire en remuant jusqu'à ce que le mélange épaississe.

cocotte de viande lente

pour 4 personnes

30 ml/2 cuillères à soupe d'huile d'arachide
1 lb/450 g de ragoût de bœuf, coupé en dés
3 tranches de racine de gingembre, hachées
3 carottes, tranchées
1 navet, coupé en dés

15 ml/1 cuillère de dattes noires sans coryza
15 ml/1 cuillère à soupe de graines de lotus
30 ml/2 cuillères à soupe de purée de tomates (pâte)
10 ml/2 cuillères à soupe de sel
900 ml/1¬Ω pts/3¬œ tasses de bouillon
250 ml/8 ml oz/1 tasse de vin de riz ou de xérès sec

Faites chauffer l'huile dans une casserole ou une poêle à fond épais et faites frire la viande jusqu'à ce qu'elle soit dorée de tous les côtés.

Boeuf au chou-fleur

pour 4 personnes
8 oz/225 g de chou-fleur
huile de friture
8 oz/225 g de bœuf, coupé en lanières
2 oz/50 g de tiges de bambou, coupées en lanières
10 châtaignes d'eau coupées en lanières

120 ml/4 fl oz/¬Ω tasse de bouillon de poulet
15 ml/1 cuillère à soupe de sauce soja
15 ml/1 cuillère à soupe de sauce de mer
15 ml/1 cuillère à soupe de purée de tomates (pâte)
15 ml/1 cuillère à soupe de farine de maïs (amidon de maïs)
2,5 ml/¬Ω cuillère d'huile de sésame

Faites bouillir le chou-fleur 2 minutes dans de l'eau bouillante puis égouttez-le. Faites chauffer l'huile et faites frire le chou-fleur jusqu'à ce qu'il prenne une couleur légèrement dorée. Retirer et égoutter sur du papier absorbant. Faites chauffer l'huile et faites frire la viande jusqu'à ce qu'elle soit légèrement dorée, puis retirez-la et égouttez-la. Ajoutez tout sauf 15 ml/1 cuillère à soupe d'huile et faites revenir les pousses de bambou et les châtaignes d'eau pendant 2 minutes. Ajouter le reste des ingrédients, porter à ébullition et cuire en remuant jusqu'à ce que la sauce épaississe. Remettez la viande et le chou-fleur dans la poêle et réchauffez doucement. Sers immédiatement.

Boeuf au céleri

pour 4 personnes
4 oz/100 g de céleri, coupé en lanières
45 ml/3 cuillères à soupe d'huile d'arachide
2 oignons (oignons verts), hachés

1 tranche de racine de gingembre, hachée

8 oz/225 g de bœuf maigre, coupé en lanières

30 ml/2 cuillères à soupe de sauce soja

30 ml/2 cuillères à soupe de vin de riz ou de xérès sec

2,5 ml/¬Ω cuillère à café de sucre

2,5 ml/¬Ω cuillère de sel

Blanchir le céleri dans l'eau bouillante pendant 1 minute, puis bien l'égoutter. Faites chauffer l'huile et faites revenir les oignons et le gingembre jusqu'à ce qu'ils prennent une couleur légèrement dorée. Ajoutez la viande et faites revenir 4 minutes. Ajoutez le céleri et faites revenir 2 minutes. Ajoutez la sauce soja, le vin ou le xérès, le sucre et le sel et faites frire pendant 3 minutes.

Morceaux de boeuf poêlés au céleri

pour 4 personnes

30 ml/2 cuillères à soupe d'huile d'arachide

1 lb/450 g de bœuf maigre, coupé en lanières

3 branches de céleri, râpées

1 oignon, haché

1 oignon (oignon), tranché

1 tranche de racine de gingembre, hachée

30 ml/2 cuillères à soupe de sauce soja

15 ml/1 cuillère à soupe de vin de riz ou de xérès sec

2,5 ml/½ cuillère à café de sucre

2,5 ml/½ cuillère de sel

10 ml/2 cuillères à café de semoule de maïs (amidon de maïs)

30 ml/2 cuillères d'eau

Faites chauffer la moitié de l'huile jusqu'à ce qu'elle soit très chaude et faites frire la viande pendant 1 minute jusqu'à ce qu'elle soit dorée. Retirer de la poêle. Faites chauffer le reste de l'huile et faites revenir le céleri, l'oignon, l'oignon vert et le gingembre jusqu'à ce qu'ils soient légèrement ramollis. Remettez la viande dans la poêle avec la sauce soja, le vin ou le xérès, le sucre et le sel, portez à ébullition et faites frire jusqu'à ce qu'elle soit chaude. Mélangez la semoule de maïs et l'eau, mélangez dans la poêle et laissez cuire jusqu'à ce que la sauce épaississe. Sers immédiatement.

Bœuf haché au poulet et céleri

pour 4 personnes

4 champignons chinois séchés

45 ml/3 cuillères à soupe d'huile d'arachide

2 gousses d'ail pressées

1 racine de gingembre tranchée, râpée

5 ml/1 cuillère à café de sel

4 oz/100 g de bœuf maigre, coupé en lanières

4 oz/100 g de poulet, coupé en lanières

2 carottes, coupées en lanières

2 branches de céleri, coupées en lanières

4 oignons (oignons verts), coupés en lanières

5 ml/1 cuillère à café de sucre

5 ml/1 cuillère à café de sauce soja

5 ml/1 cuillère à café de vin de riz ou de xérès sec

45 ml/3 cuillères d'eau

5 ml/1 cuillère à café de farine de maïs (amidon de maïs)

Faites tremper les champignons dans l'eau tiède pendant 30 minutes puis égouttez-les. Jetez les tiges et hachez les chapeaux. Faites chauffer l'huile et faites revenir l'ail, le gingembre et le sel jusqu'à ce qu'ils prennent une couleur légèrement dorée. Ajoutez le bœuf et le poulet et faites revenir jusqu'à ce qu'ils commencent à dorer. Ajouter le céleri, les oignons nouveaux, le sucre, la sauce soja, le vin ou le xérès et l'eau et porter à ébullition. Couvrir et laisser mijoter environ 15 minutes jusqu'à ce que la viande soit tendre. Mélangez la farine de maïs avec un peu d'eau, mélangez-la à la sauce et faites cuire en remuant jusqu'à ce que la sauce épaississe.

boeuf épicé

pour 4 personnes

1 lb/450 g de steak, coupé en lanières
45 ml/3 cuillères à soupe de sauce soja
15 ml/1 cuillère à soupe de vin de riz ou de xérès sec
15 ml/1 cuillère de cassonade
15 ml/1 cuillère à soupe de racine de gingembre finement râpée
30 ml/2 cuillères à soupe d'huile d'arachide
2 oz/50 g de tiges de bambou, coupées en allumettes
1 oignon, coupé en lanières
1 branche de céleri, coupée en bâtonnets
2 piments rouges épépinés et coupés en lanières
120 ml/4 fl oz/¬Ω tasse de bouillon de poulet
15 ml/1 cuillère à soupe de farine de maïs (amidon de maïs)

Placez le steak dans un bol. Mélangez la sauce soja, le vin ou le xérès, le sucre et le gingembre et incorporez-les au steak. Laisser mariner 1 heure. Retirez le steak de la marinade. Faites chauffer la moitié de l'huile et faites revenir les pousses de bambou, l'oignon, le céleri et le piment pendant 3 minutes, puis retirez-les de la poêle. Faites chauffer le reste de l'huile et faites frire le steak pendant 3 minutes. Ajoutez la marinade, laissez bouillir et ajoutez les légumes frits. Cuire à feu doux en remuant pendant 2 minutes. Mélangez le bouillon et la semoule de maïs et ajoutez-les à la poêle. Porter à ébullition et cuire en remuant jusqu'à ce que la sauce s'éclaircisse et épaississe.

Boeuf au chou chinois

pour 4 personnes

8 oz/225 g de bœuf maigre
30 ml/2 cuillères à soupe d'huile d'arachide
12 oz/350 g de chou chinois, râpé
120 ml/4 fl oz/¬Ω tasse de bouillon de bœuf
sel et poivre fraîchement moulu
10 ml/2 cuillères à café de semoule de maïs (amidon de maïs)
30 ml/2 cuillères d'eau

Tranchez finement le bœuf contre le grain. Faites chauffer l'huile et faites revenir la viande jusqu'à ce qu'elle brunisse. Ajouter le bok choy et faire revenir jusqu'à ce qu'il soit légèrement ramolli. Ajouter le bouillon, porter à ébullition et assaisonner de sel et de poivre. Couvrir et laisser mijoter 4 minutes jusqu'à ce que la viande soit tendre. Mélangez la farine de maïs et l'eau, mélangez-la dans la casserole et faites cuire à feu doux en remuant jusqu'à ce que la sauce épaississe.

Steak de bœuf Suey

pour 4 personnes

3 branches de céleri, tranchées
4 oz/100 g de germes de soja
100 g de fleurons de brocoli
60 ml/4 cuillères à soupe d'huile d'arachide
3 oignons (oignons verts), hachés
2 gousses d'ail pressées
1 tranche de racine de gingembre, hachée
8 oz/225 g de bœuf maigre, coupé en lanières
45 ml/3 cuillères à soupe de sauce soja
15 ml/1 cuillère à soupe de vin de riz ou de xérès sec
5 ml/1 cuillère à café de sel
2,5 ml/¬Ω cuillère à café de sucre
poivre fraîchement moulu
15 ml/1 cuillère à soupe de farine de maïs (amidon de maïs)

Blanchir le céleri, les haricots verts et le brocoli dans l'eau bouillante pendant 2 minutes, puis égoutter et sécher. Faites chauffer 3 cuillères à soupe/45 ml d'huile et faites revenir les oignons nouveaux, l'ail et le gingembre jusqu'à ce qu'ils soient dorés. Ajoutez la viande et faites revenir 4 minutes. Retirer de la poêle. Faites chauffer le reste de l'huile et faites revenir les légumes pendant 3 minutes. Ajoutez la viande, la sauce soja, le vin ou le xérès, le sel, le sucre et une pincée de poivre et faites revenir 2 minutes. Mélangez la farine de maïs avec un peu d'eau, mélangez-la dans la poêle et faites-la cuire à feu doux en remuant jusqu'à ce que la sauce s'éclaircisse et épaississe.

boeuf au concombre

pour 4 personnes

1 lb/450 g de steak, tranché finement
45 ml/3 cuillères à soupe de sauce soja
30 ml/2 cuillères à soupe de farine de maïs (amidon de maïs)
60 ml/4 cuillères à soupe d'huile d'arachide
2 concombres pelés, épépinés et tranchés
60 ml/4 cuillères à soupe de bouillon de poulet
30 ml/2 cuillères à soupe de vin de riz ou de xérès sec
sel et poivre fraîchement moulu

Placez le steak dans un bol. Mélangez la sauce soja et la semoule de maïs et incorporez-les au steak. Laisser mariner 30 minutes.

Faites chauffer la moitié de l'huile et faites revenir les concombres pendant 3 minutes jusqu'à ce qu'ils noircissent, puis retirez-les de la poêle. Faites chauffer le reste de l'huile et saisissez le steak jusqu'à ce qu'il soit doré. Ajouter les concombres et faire revenir 2 minutes. Ajoutez le bouillon, le vin ou le xérès et assaisonnez de sel et de poivre. Portez à ébullition, couvrez et laissez mijoter 3 minutes.

boeuf mein

pour 4 personnes

750 g de surlonge

2 oignons

45 ml/3 cuillères à soupe de sauce soja

45 ml/3 cuillères à soupe de vin de riz ou de xérès sec

15 ml/1 cuillère à soupe de beurre de cacahuète

5 ml/1 cuillère à café de jus de citron

12 oz/350 g de nouilles aux œufs

60 ml/4 cuillères à soupe d'huile d'arachide

175 ml/6 fl oz/¬œ tasse de bouillon de poulet

15 ml/1 cuillère à soupe de farine de maïs (amidon de maïs)
30 ml/2 cuillères à soupe de sauce aux huîtres
4 oignons (oignons verts), hachés
3 branches de céleri, tranchées
4 oz/100 g de champignons, tranchés
1 poivron vert coupé en lanières
4 oz/100 g de germes de soja

Coupez et jetez le gras de la viande. Coupez le grain en fines tranches. Tranchez les oignons et séparez les couches. Mélangez 15 ml/1 cuillère à soupe de sauce soja avec 15 ml/1 cuillère à soupe de vin ou de xérès, du beurre de cacahuète et du jus de citron. Ajoutez la viande, couvrez et laissez reposer 1 heure. Cuire les nouilles dans l'eau bouillante pendant environ 5 minutes ou jusqu'à ce qu'elles soient tendres. Bien égoutter. Faites chauffer 15 ml/1 cuillère à soupe d'huile, ajoutez 15 ml/1 cuillère à soupe de sauce soja et les nouilles et faites frire pendant 2 minutes jusqu'à ce qu'elles soient légèrement colorées. Transférer dans une assiette de service chaude.

Mélangez le reste de la sauce soja et du vin ou du xérès avec le bouillon, la semoule de maïs et la sauce aux huîtres. Faites chauffer 15 ml/1 cuillère à soupe d'huile et faites revenir les oignons pendant 1 minute. Ajoutez le céleri, les champignons, le poivre et les germes de soja et faites revenir 2 minutes. Retirer du wok. Faites chauffer le reste de l'huile et faites revenir la viande jusqu'à ce qu'elle soit dorée. Ajouter le mélange de bouillon, porter à ébullition, couvrir et laisser mijoter 3 minutes. Remettez les légumes dans le wok et faites cuire à feu doux, en remuant, pendant environ 4 minutes jusqu'à ce qu'ils soient bien chauds. Versez le mélange sur les nouilles et servez.

steak de concombre

pour 4 personnes
1 livre/450 g de contre-filet
10 ml/2 cuillères à café de semoule de maïs (amidon de maïs)
10 ml/2 cuillères à café de sel
2,5 ml/¬Ω cuillère à café de poivre fraîchement moulu
90 ml/6 cuillères à soupe d'huile d'arachide
1 oignon, finement haché
1 concombre, pelé et tranché
120 ml/4 fl oz/¬Ω tasse de bouillon de bœuf

Coupez le steak en lanières puis en fines tranches à contre-courant. Placer dans un bol et ajouter la semoule de maïs, le sel, le poivre et la moitié de l'huile. Laisser mariner 30 minutes. Faites chauffer le reste de l'huile et faites revenir la viande et l'oignon jusqu'à ce qu'ils soient légèrement dorés. Ajouter les concombres et le bouillon, porter à ébullition, couvrir et laisser mijoter 5 minutes.

Curry de rosbif

pour 4 personnes

45 ml/3 cuillères à soupe de beurre
15 ml/1 cuillère à soupe de poudre de curry
3 cuillères à soupe/45 ml de farine nature (tout usage)
375 ml/13 fl oz/1¬Ω verre de lait
15 ml/1 cuillère à soupe de sauce soja
sel et poivre fraîchement moulu
1 lb/450 g de bœuf haché cuit, râpé
100 g de petits pois
2 carottes, hachées
2 oignons, hachés
8 oz/225 g de riz à grains longs, cuit, chaud

1 œuf dur (dur), tranché

Faire fondre le beurre, ajouter le curry et la farine et cuire 1 minute. Ajouter le lait et la sauce soja, porter à ébullition et cuire 2 minutes en remuant. Assaisonnez avec du sel et du poivre. Ajouter la viande, les petits pois, les carottes et les oignons et bien mélanger pour bien les enrober de sauce. Ajoutez le riz, puis transférez le mélange dans un plat allant au four et faites cuire au four préchauffé à 200 ¬∞C/400 ¬∞F/thermostat 6 pendant 20 minutes jusqu'à ce que les légumes soient tendres. Servir garni d'œufs durs tranchés.

ormeau mariné

pour 4 personnes

1 lb/450 g d'ormeau en conserve

45 ml/3 cuillères à soupe de sauce soja

30 ml/2 cuillères à soupe de vinaigre de vin

5 ml/1 cuillère à café de sucre

quelques gouttes d'huile de sésame

Égouttez l'ormeau et coupez-le en fines tranches ou en lanières. Mélangez le reste des ingrédients, versez sur l'ormeau et mélangez bien. Couvrir et réfrigérer 1 heure.

Pousses de bambou mûres

pour 4 personnes

60 ml/4 cuillères à soupe d'huile d'arachide
8 oz/225 g de tiges de bambou, coupées en lanières
60 ml/4 cuillères à soupe de bouillon de poulet
15 ml/1 cuillère à soupe de sauce soja
5 ml/1 cuillère à café de sucre
5 ml/1 cuillère à café de vin de riz ou de xérès sec

Faites chauffer l'huile et faites revenir les pousses de bambou pendant 3 minutes. Mélangez le bouillon, la sauce soja, le sucre et le vin ou le xérès et ajoutez-les à la poêle. Couvrir et laisser mijoter à feu doux pendant 20 minutes. Laisser refroidir et refroidir avant de servir.

poulet au concombre

pour 4 personnes

1 concombre pelé et coupé
8 oz/225 g de poulet cuit et émincé
5 ml/1 cuillère à café de moutarde en poudre
2,5 ml/¬Ω cuillère de sel
30 ml/2 cuillères à soupe de vinaigre de vin

Coupez le concombre en lanières et placez-le sur une assiette de service plate. Disposez le poulet dessus. Mélangez la moutarde, le sel et le vinaigre de vin et versez sur le poulet juste avant de servir.

Poulet au sésame

pour 4 personnes

12 oz/350 g de poulet cuit

120 ml/4 fl oz/½ tasse d'eau

5 ml/1 cuillère à café de moutarde en poudre

15 ml/1 cuillère de graines de sésame

2,5 ml/½ cuillère de sel

une pincée de sucre

45 ml/3 cuillères à soupe de coriandre fraîche hachée

5 oignons (oignons verts), hachés

½ laitue hachée

Coupez le poulet en fines lanières. Mélangez suffisamment d'eau à la moutarde pour obtenir une pâte lisse et incorporez-la au poulet. Faites griller les graines de sésame dans une poêle sèche jusqu'à ce qu'elles soient légèrement dorées, puis ajoutez-les au poulet et saupoudrez de sel et de sucre. Ajoutez la moitié du persil et de la ciboulette et mélangez bien. Disposer la laitue sur une assiette de service, garnir du mélange de poulet et garnir du persil restant.

Litchis au gingembre

pour 4 personnes

1 grosse pastèque, coupée en deux et épépinée
1 lb/450 g de litchis en conserve, égouttés
5 cm / 2 po de tige de gingembre, tranchée
quelques feuilles de menthe

Remplissez les moitiés de melon de litchi et de gingembre, décorez de feuilles de menthe. Refroidir avant de servir.

Ailes de poulet cuites en rouge

pour 4 personnes

8 ailes de poulet
2 oignons (oignons verts), hachés
75 ml/5 cuillères à soupe de sauce soja
120 ml/4 fl oz/¬Ω tasse d'eau
30 ml/2 cuillères à soupe de cassonade

Coupez et jetez les extrémités des os des ailes de poulet et coupez-les en deux. Mettre dans une casserole avec le reste des ingrédients, porter à ébullition, couvrir et laisser mijoter 30 minutes. Retirez le couvercle et poursuivez l'ébullition pendant encore 15 minutes en remuant fréquemment. Laisser refroidir puis réfrigérer avant de servir.

Chair de crabe au concombre

pour 4 personnes

4 oz/100 g de chair de crabe, hachée

2 concombres pelés et hachés

1 tranche de racine de gingembre, hachée

15 ml/1 cuillère à soupe de sauce soja

30 ml/2 cuillères à soupe de vinaigre de vin

5 ml/1 cuillère à café de sucre

quelques gouttes d'huile de sésame

Placer la chair de crabe et les concombres dans un bol. Mélangez le reste des ingrédients, versez sur le mélange de chair de crabe et mélangez bien. Couvrir et réfrigérer 30 minutes avant de servir.

Champignons marinés

pour 4 personnes

8 oz/225 g de champignons

30 ml/2 cuillères à soupe de sauce soja

15 ml/1 cuillère à soupe de vin de riz ou de xérès sec

pincée de sel

quelques gouttes de sauce tabasco

quelques gouttes d'huile de sésame

Faites bouillir les champignons dans l'eau bouillante pendant 2 minutes, puis égouttez-les et séchez-les. Placer dans un bol et verser sur le reste des ingrédients. Bien mélanger et laisser refroidir avant de servir.

Champignons marinés à l'ail

pour 4 personnes
8 oz/225 g de champignons
3 gousses d'ail pressées
30 ml/2 cuillères à soupe de sauce soja
30 ml/2 cuillères à soupe de vin de riz ou de xérès sec
15 ml/1 cuillère à soupe d'huile de sésame
pincée de sel

Mettez les champignons et l'ail dans une passoire, versez dessus de l'eau bouillante et laissez reposer 3 minutes. Égoutter et bien sécher. Mélangez le reste des ingrédients, versez la marinade sur les champignons et laissez-les mariner 1 heure.

Crevettes et chou-fleur

pour 4 personnes

8 oz/225 g de chou-fleur

100 g de crevettes décortiquées

15 ml/1 cuillère à soupe de sauce soja

5 ml/1 cuillère à café d'huile de sésame

Faire bouillir partiellement le chou-fleur pendant environ 5 minutes jusqu'à ce qu'il soit tendre mais encore croustillant. Mélangez-les avec les crevettes, saupoudrez-les de sauce soja et d'huile de sésame et mélangez-les. Refroidir avant de servir.

Bâtonnets de bacon au sésame

pour 4 personnes

8 oz/225 g de bacon, coupé en lanières

10 ml/2 cuillères à café de sauce soja

2,5 ml/¬Ω cuillère d'huile de sésame

Disposez le jambon sur une assiette de service. Mélanger la sauce soja et l'huile de sésame, arroser de bacon et servir.

tofu réfrigéré

pour 4 personnes

1 livre/450 g de tofu, tranché
45 ml/3 cuillères à soupe de sauce soja
45 ml/3 cuillères à soupe d'huile d'arachide
poivre fraîchement moulu

Placer le tofu, quelques tranches à la fois, dans une passoire et plonger dans l'eau bouillante pendant 40 secondes, puis égoutter et déposer sur une assiette de service. Laissez-le refroidir. Mélanger la sauce soja et l'huile, arroser de tofu et servir saupoudré de poivre.

poulet au bacon

pour 4 personnes

8 oz/225 g de poulet, tranché très finement
75 ml/5 cuillères à soupe de sauce soja
15 ml/1 cuillère à soupe de vin de riz ou de xérès sec
1 gousse d'ail, écrasée
15 ml/1 cuillère de cassonade
5 ml/1 cuillère à café de sel
5 ml/1 cuillère à café de racine de gingembre râpée
8 oz/225 g de bacon maigre, coupé en dés
4 oz/100 g de châtaignes d'eau, tranchées très finement
30 ml/2 cuillères à soupe de miel

Placer le poulet dans un bol. Mélangez 45 ml/3 cuillères à soupe de sauce soja avec le vin ou le xérès, l'ail, le sucre, le sel et le gingembre, versez sur le poulet et laissez mariner environ 3 heures. Filet de poulet, jambon et châtaignes sur brochettes de kebab. Mélangez le reste de sauce soja avec le miel et badigeonnez les brochettes. Griller (faire bouillir) sous un gril chaud pendant environ 10 minutes jusqu'à ce qu'ils soient bien cuits, en les retournant souvent et en arrosant davantage de glaçage pendant la cuisson.

Frites de poulet et banane

pour 4 personnes
2 poitrines de poulet bouillies
2 bananes dures
6 tranches de pain
4 œufs
120 ml/4 fl oz/¬Ω tasse de lait
50 g/2 oz/¬Ω tasse de farine nature (tout usage).
8 oz/225 g/4 tasses de pain frais
huile de friture

Coupez le poulet en 24 morceaux. Épluchez le plantain et coupez-le en quatre dans le sens de la longueur. Coupez chaque quartier en trois pour obtenir 24 morceaux. Retirez la croûte du pain et coupez-le en quartiers. Battez les œufs et le lait et badigeonnez un côté du pain. Placez un morceau de poulet et un morceau de plantain sur le côté brossé à l'œuf de chaque morceau de pain. Enduisez les carrés de farine, puis trempez-les dans l'œuf et enduisez-les de chapelure. Repassez les œufs et la chapelure. Faites chauffer l'huile et faites frire quelques carrés à la fois jusqu'à ce qu'ils soient dorés. Égoutter sur du papier absorbant avant de servir.

Poulet au gingembre et champignons

pour 4 personnes

8 oz/225 g de filets de poitrine de poulet

5 ml/1 cuillère à café de poudre de cinq épices

15 ml/1 cuillère de farine nature (pour les utilisations).

120 ml/4 fl oz/¬Ω tasse d'huile d'arachide

4 oignons, coupés en deux

1 gousse d'ail, tranchée

1 tranche de racine de gingembre, hachée

1 oz/25 g/° tasse de noix de cajou

5 ml/1 cuillère à café de miel

15 ml/1 cuillère de farine de riz

75 ml/5 cuillères à soupe de vin de riz ou de xérès sec

4 oz/100 g de champignons, coupés en quartiers

2,5 ml/¬Ω cuillère à café de curcuma

6 piments jaunes, coupés en deux

5 ml/1 cuillère à café de sauce soja

¬Ω jus de citron

sel et poivre

4 feuilles de laitue fraîche

Coupez la poitrine de poulet en diagonale dans le sens du grain en fines lanières. Saupoudrez-le de poudre aux cinq épices et enduisez-le légèrement de farine. Faites chauffer 15 ml/1 cuillère à soupe d'huile et faites frire le poulet jusqu'à ce qu'il soit doré. Retirer de la poêle. Faites chauffer un peu plus d'huile et faites revenir les échalotes, l'ail, le gingembre et les noix de cajou pendant 1 minute. Ajoutez le miel et remuez jusqu'à ce que les légumes soient enrobés. Saupoudrez de farine, puis ajoutez du vin ou du xérès. Ajouter les champignons, le curcuma et le piment et cuire 1 minute. Ajouter le poulet, la sauce soja, la moitié du jus de citron, le sel et le poivre et faire chauffer. Retirer de la poêle et réserver au chaud. Faites chauffer encore un peu d'huile, ajoutez les feuilles de laitue et faites revenir rapidement, assaisonnez avec du sel, du poivre et le reste du jus de citron.

poulet et bacon

pour 4 personnes

8 oz/225 g de poulet, tranché très finement
75 ml/5 cuillères à soupe de sauce soja
15 ml/1 cuillère à soupe de vin de riz ou de xérès sec
15 ml/1 cuillère de cassonade
5 ml/1 cuillère à café de racine de gingembre râpée
1 gousse d'ail, écrasée
8 oz/225 g de jambon cuit, coupé en dés
30 ml/2 cuillères à soupe de miel

Placez le poulet dans un bol avec 45 ml/3 cuillères à soupe de sauce soja, du vin ou du xérès, du sucre, du gingembre et de l'ail. Laissez mariner 3 heures. Poulet et jambon sur brochettes de kebab. Mélangez le reste de sauce soja avec le miel et badigeonnez les brochettes. Faites-les griller (faire bouillir) sous un grill chaud pendant environ 10 minutes, en les retournant fréquemment et en les badigeonnant de glaçage pendant la cuisson.

Foies de poulet grillés

pour 4 personnes

1 livre/450 g de foie de poulet
45 ml/3 cuillères à soupe de sauce soja
15 ml/1 cuillère à soupe de vin de riz ou de xérès sec
15 ml/1 cuillère de cassonade
5 ml/1 cuillère à café de sel
5 ml/1 cuillère à café de racine de gingembre râpée
1 gousse d'ail, écrasée

Faire bouillir les foies de volaille dans l'eau bouillante pendant 2 minutes puis bien les égoutter. Placer dans un bol avec tous les ingrédients restants sauf l'huile et laisser mariner environ 3 heures. Placer les foies de volaille sur les brochettes de kebab et les faire griller sous le grill chaud pendant environ 8 minutes jusqu'à ce qu'ils soient dorés.

Boulettes de crabe aux châtaignes d'eau

pour 4 personnes

1 livre/450 g de chair de crabe, hachée

100 g de châtaignes d'eau hachées

1 gousse d'ail, écrasée

1 cm/¬Ω racine de gingembre tranchée, hachée

45 ml/3 cuillères à soupe de farine de maïs (amidon de maïs)

30 ml/2 cuillères à soupe de sauce soja

15 ml/1 cuillère à soupe de vin de riz ou de xérès sec

5 ml/1 cuillère à café de sel

5 ml/1 cuillère à café de sucre

3 oeufs battus

huile de friture

Mélangez tous les ingrédients sauf l'huile et formez des petites boules. Faites chauffer l'huile et faites frire les boulettes de crabe jusqu'à ce qu'elles soient dorées. Bien égoutter avant de servir.

Dim-Sum

pour 4 personnes

100 g de crevettes décortiquées, coupées en dés

8 oz/225 g de porc maigre, finement haché

50 g de bok choy finement haché

3 oignons (oignons verts), hachés

1 œuf battu

30 ml/2 cuillères à soupe de farine de maïs (amidon de maïs)

10 ml/2 cuillères à café de sauce soja

5 ml/1 cuillère à café d'huile de sésame

5 ml/1 cuillère à café de sauce aux huîtres

24 peaux de wonton

huile de friture

Incorporer les crevettes, le porc, le chou et les oignons nouveaux. Mélangez l'œuf, la semoule de maïs, la sauce soja, l'huile de sésame et la sauce d'huître. Versez le mélange au centre de chaque peau de wonton. Appuyez doucement sur les emballages autour de la garniture, en rapprochant les bords mais en laissant le dessus ouvert. Faites chauffer l'huile et faites frire le dimsum petit à petit jusqu'à ce qu'il soit doré. Bien égoutter et servir chaud.

Rouleaux de jambon et de poulet

pour 4 personnes

2 poitrines de poulet
1 gousse d'ail, écrasée
2,5 ml/¬Ω cuillère de sel
2,5 ml/¬Ω cuillère à café de poudre de cinq épices
4 tranches de jambon cuit
1 œuf battu
30 ml/2 cuillères de lait
1 oz/¬º tasse de farine nature (tout usage).
4 peaux de nems
huile de friture

Coupez les poitrines de poulet en deux. Broyez-les jusqu'à ce qu'ils soient très fins. Mélangez l'ail, le sel et la poudre de cinq épices et saupoudrez sur le poulet. Placez une tranche de bacon sur chaque morceau de poulet et enveloppez-le bien. Mélangez l'œuf et le lait. Enrober légèrement les morceaux de poulet de farine, puis les tremper dans le mélange d'œufs. Placer chaque morceau sur la peau du nem et badigeonner les bords d'œuf battu. Pliez les côtés puis roulez-le ensemble en pinçant les bords pour sceller. Faites chauffer l'huile et faites frire les petits pains pendant environ 5 minutes jusqu'à ce qu'ils soient dorés.

brun et bien cuit. Égoutter sur du papier absorbant, puis couper en tranches épaisses en diagonale pour servir.

Galettes de jambon au four

pour 4 personnes
12 oz/350 g/3 tasses de farine nature (tout usage).
6 oz/¬œ tasse de beurre
120 ml/4 fl oz/¬Ω tasse d'eau
8 oz/225 g de bacon haché
100 g de pousses de bambou hachées
2 oignons (oignons verts), hachés
15 ml/1 cuillère à soupe de sauce soja
30 ml/2 cuillères à soupe de graines de sésame

Mettre la farine dans un bol et badigeonner de beurre. Mélanger avec de l'eau pour former une pâte. Étalez la pâte et coupez-la en cercles de 5 cm/2. Mélangez tous les ingrédients restants sauf les graines de sésame et placez une cuillère à soupe dans chaque cercle. Badigeonner les bords de la pâte d'eau et sceller. Badigeonner l'extérieur d'eau et saupoudrer de graines de sésame. Cuire au four préchauffé à 180 ¬∞C/350 ¬∞F/gaz 4 pendant 30 minutes.

Poisson pseudo-fumé

pour 4 personnes

1 bar

3 tranches de racine de gingembre, tranchées

1 gousse d'ail, écrasée

1 oignon (oignon), tranché épaisse

75 ml/5 cuillères à soupe de sauce soja

30 ml/2 cuillères à soupe de vin de riz ou de xérès sec

2,5 ml/¬Ω cuillère à café d'anis moulu

2,5 ml/¬Ω cuillère d'huile de sésame

10 ml/2 cuillères à café de sucre

120 ml/4 fl oz/¬Ω tasse de bouillon

huile de friture

5 ml/1 cuillère à café de farine de maïs (amidon de maïs)

Parez le poisson et coupez-le en tranches de 5 mm (¬° po) dans le sens contraire du grain. Incorporer le gingembre, l'ail, l'oignon, 60 ml/4 cuillères à soupe de sauce soja, le xérès, l'anis et l'huile de sésame. Versez sur le poisson et mélangez délicatement. Laissez reposer 2 heures en le retournant de temps en temps.

Égoutter la marinade dans une casserole et sécher le poisson sur du papier absorbant. Ajouter le sucre, le bouillon et le reste de la sauce soja

mariner, porter à ébullition et laisser mijoter 1 minute. Si la sauce doit épaissir, mélangez la semoule de maïs avec un peu d'eau froide, mélangez-la à la sauce et faites cuire en remuant jusqu'à ce que la sauce épaississe.

Pendant ce temps, faites chauffer l'huile et faites frire le poisson jusqu'à ce qu'il soit doré. Bien égoutter. Trempez les morceaux de poisson dans la marinade et déposez-les sur une assiette de service chaude. Servir chaud ou froid.

Champignons farcis

pour 4 personnes

12 grosses têtes de champignons séchés
8 oz/225 g de chair de crabe
3 châtaignes d'eau hachées
2 oignons (oignons verts), finement hachés
1 blanc d'oeuf
15 ml/1 cuillère à soupe de farine de maïs (amidon de maïs)
15 ml/1 cuillère à soupe de sauce soja
15 ml/1 cuillère à soupe de vin de riz ou de xérès sec

Faire tremper les champignons dans de l'eau tiède toute la nuit. Essorez-le. Mélangez le reste des ingrédients et utilisez-le pour remplir les chapeaux de champignons. Placer sur une grille à vapeur et cuire à la vapeur pendant 40 minutes. Servir chaud.

Champignons à la sauce d'huîtres

pour 4 personnes

10 champignons chinois séchés
250 ml/8 ml oz/1 tasse de bouillon
15 ml/1 cuillère à soupe de farine de maïs (amidon de maïs)
30 ml/2 cuillères à soupe de sauce aux huîtres
5 ml/1 cuillère à café de vin de riz ou de xérès sec

Faire tremper les champignons dans l'eau tiède pendant 30 minutes, puis égoutter en réservant 8 oz/250 ml/1 tasse de liquide de trempage. Jetez les tiges. Mélangez 60 ml/4 cuillères à soupe de bouillon avec la maïzena jusqu'à obtenir une pâte. Portez à ébullition le reste du bouillon de bœuf avec les champignons et le bouillon de champignons, couvrez et laissez mijoter 20 minutes. Retirez les champignons du bouillon avec une écumoire et placez-les sur une assiette de service chaude. Ajouter la sauce aux huîtres et le xérès dans la poêle et cuire 2 minutes en remuant. Ajouter la pâte de semoule de maïs et cuire à feu doux en remuant jusqu'à ce que la sauce épaississe. Versez sur les champignons et servez aussitôt.

Petits pains au porc et laitue

pour 4 personnes

4 champignons chinois séchés
15 ml/1 cuillère à soupe d'huile d'arachide
8 oz/225 g de porc maigre, râpé
100 g de pousses de bambou hachées
100 g de châtaignes d'eau hachées
4 oignons (oignons verts), hachés
6 oz/175 g de chair de crabe, râpée
30 ml/2 cuillères à soupe de vin de riz ou de xérès sec
15 ml/1 cuillère à soupe de sauce soja
10 ml/2 cuillères à café de sauce aux huîtres
10 ml/2 cuillères à café d'huile de sésame
9 feuilles chinoises

Faites tremper les champignons dans l'eau tiède pendant 30 minutes puis égouttez-les. Jetez les tiges et hachez les chapeaux. Faites chauffer l'huile et faites revenir le porc pendant 5 minutes. Ajoutez les champignons, les pousses de bambou, les châtaignes d'eau, les oignons et la chair de crabe et faites revenir 2 minutes. Incorporer le vin ou le xérès, la sauce soja, la sauce aux huîtres et l'huile de sésame et incorporer dans la poêle. Sortez du feu.

Pendant ce temps, blanchissez les feuilles de chinois dans l'eau bouillante pendant 1 minute puis

vidange. Versez le mélange de porc au centre de chaque feuille, pliez les côtés, puis roulez pour servir.

Boulettes de viande au porc et aux châtaignes

pour 4 personnes

1 livre/450 g de porc haché (haché)
2 oz/50 g de champignons, finement hachés
2 oz/50 g de châtaignes d'eau, hachées finement
1 gousse d'ail, écrasée
1 œuf battu
30 ml/2 cuillères à soupe de sauce soja
15 ml/1 cuillère à soupe de vin de riz ou de xérès sec
5 ml/1 cuillère à café de racine de gingembre râpée
5 ml/1 cuillère à café de sucre
sel
30 ml/2 cuillères à soupe de farine de maïs (amidon de maïs)
huile de friture

Mélangez tous les ingrédients sauf la farine de maïs et formez des boules avec le mélange. Enrober de semoule de maïs. Faites chauffer l'huile et faites frire les boulettes de viande pendant environ 10 minutes jusqu'à ce qu'elles soient dorées. Bien égoutter avant de servir.

nouilles de porc

Pour 4 à 6 personnes

1 livre/450 g de farine nature (tout usage)

500 ml/17 ml oz/2 tasses d'eau

1 lb/450 g de porc cuit, râpé

8 oz/225 g de crevettes décortiquées et coupées en dés

4 branches de céleri, hachées

15 ml/1 cuillère à soupe de sauce soja

15 ml/1 cuillère à soupe de vin de riz ou de xérès sec

15 ml/1 cuillère à soupe d'huile de sésame

5 ml/1 cuillère à café de sel

2 oignons (oignons verts), finement hachés

2 gousses d'ail pressées

1 tranche de racine de gingembre, hachée

Mélanger la farine et l'eau pour obtenir une pâte molle et bien pétrir. Couvrir et laisser reposer 10 minutes. Abaissez la pâte le plus finement possible et coupez-la en cercles de 5 cm/2. Mélangez tous les ingrédients restants. Déposez des cuillerées du mélange dans chaque cercle, mouillez les bords et scellez en demi-cercle. Portez une casserole d'eau à ébullition puis placez délicatement les boulettes de viande dans l'eau.

Porc et bœuf

pour 4 personnes

4 oz/100 g de porc haché (haché)

4 oz/100 g de bœuf haché (haché)

1 tranche de bacon haché (moulu)

15 ml/1 cuillère à soupe de sauce soja

sel et poivre

1 œuf battu

30 ml/2 cuillères à soupe de farine de maïs (amidon de maïs)

huile de friture

Mélangez le bœuf haché et le bacon et assaisonnez de sel et de poivre. Mélangez avec l'œuf, formez des boules de la taille d'une noix et saupoudrez de semoule de maïs. Faites chauffer l'huile et faites-la frire jusqu'à ce qu'elle soit dorée. Bien égoutter avant de servir.

Crevette papillon

pour 4 personnes

1 lb/450 g de grosses crevettes décortiquées
15 ml/1 cuillère à soupe de sauce soja
5 ml/1 cuillère à café de vin de riz ou de xérès sec
5 ml/1 cuillère à café de racine de gingembre râpée
2,5 ml/¬Ω cuillère de sel
2 oeufs battus
30 ml/2 cuillères à soupe de farine de maïs (amidon de maïs)
15 ml/1 cuillère de farine nature (pour les utilisations).
huile de friture

Coupez les crevettes en deux sur l'envers et étalez-les en forme de papillon. Incorporer la sauce soja, le vin ou le xérès, le gingembre et le sel. Verser sur les crevettes et laisser mariner 30 minutes. Retirer de la marinade et sécher. Fouettez l'œuf avec la fécule de maïs et la farine pour former une pâte et plongez les crevettes dans la pâte. Faites chauffer l'huile et faites frire les crevettes jusqu'à ce qu'elles soient dorées. Bien égoutter avant de servir.

Crevettes chinoises

pour 4 personnes

1 lb/450 g de crevettes non décortiquées
30 ml/2 cuillères à soupe de sauce Worcestershire
15 ml/1 cuillère à soupe de sauce soja
15 ml/1 cuillère à soupe de vin de riz ou de xérès sec
15 ml/1 cuillère de cassonade

Placez les crevettes dans un bol. Mélangez le reste des ingrédients, versez sur les crevettes et laissez mariner 30 minutes. Transférer dans un plat allant au four et cuire au four préchauffé à 150 ¬∞C/300 ¬∞F/thermostat 2 pendant 25 minutes. Servir chaud ou froid dans des coquilles pour que les invités puissent les déguster.

Craquelins aux crevettes

pour 4 personnes

4 oz/100 g de craquelins aux crevettes

huile de friture

Faites chauffer l'huile jusqu'à ce qu'elle soit très chaude. Ajoutez une poignée de crackers aux crevettes et faites revenir quelques secondes jusqu'à ce qu'ils soient gonflés. Retirer de l'huile et égoutter sur du papier absorbant tout en continuant à faire frire les crackers.

Crevettes croustillantes

pour 4 personnes

1 lb/450 g de crevettes tigrées décortiquées
15 ml/1 cuillère à soupe de vin de riz ou de xérès sec
10 ml/2 cuillères à café de sauce soja
5 ml/1 cuillère à café de poudre de cinq épices
sel et poivre
90 ml/6 cuillères à soupe de farine de maïs (amidon de maïs)
2 oeufs battus
100 g de chapelure
huile d'arachide pour la friture

Mélangez les crevettes avec le vin ou le xérès, la sauce soja et la poudre de cinq épices et assaisonnez de sel et de poivre. Enrobez-les de semoule de maïs puis enrobez-les d'œuf battu et de chapelure. Faire frire dans beaucoup d'huile chaude pendant quelques minutes jusqu'à ce qu'elles soient légèrement colorées, égoutter et servir immédiatement.

Crevettes sauce gingembre

pour 4 personnes

15 ml/1 cuillère à soupe de sauce soja
5 ml/1 cuillère à café de vin de riz ou de xérès sec
5 ml/1 cuillère à café d'huile de sésame
450 g de crevettes décortiquées
30 ml/2 cuillères à soupe de persil frais haché
15 ml/1 cuillère à soupe de vinaigre de vin
5 ml/1 cuillère à café de racine de gingembre râpée

Incorporer la sauce soja, le vin ou le xérès et l'huile de sésame. Verser sur les crevettes, couvrir et laisser mariner 30 minutes. Griller les crevettes quelques minutes jusqu'à ce qu'elles soient bien cuites, en les mélangeant avec la marinade. Pendant ce temps, mélangez le persil, le vinaigre de vin et le gingembre pour accompagner les crevettes.

Rouleaux de crevettes et nouilles

pour 4 personnes

2 oz/50 g de nouilles aux œufs, coupées en morceaux

15 ml/1 cuillère à soupe d'huile d'arachide

2 oz/50 g de porc maigre, finement haché

4 oz/100 g de champignons, hachés

3 oignons (oignons verts), hachés

100 g de crevettes décortiquées, coupées en dés

15 ml/1 cuillère à soupe de vin de riz ou de xérès sec

sel et poivre

24 peaux de wonton

1 œuf battu

huile de friture

Faites bouillir les nouilles dans l'eau bouillante pendant 5 minutes, puis égouttez-les et hachez-les. Faites chauffer l'huile et faites revenir le porc pendant 4 minutes. Ajoutez les champignons et les oignons et faites revenir 2 minutes puis retirez du feu. Incorporer les crevettes, le vin ou le xérès et les nouilles et assaisonner au goût avec du sel et du poivre. Versez la pâte au centre de chaque peau nettoyée et badigeonnez les bords d'œuf battu. Pliez les bords, puis enroulez les emballages en scellant les bords. Faites chauffer l'huile et faites frire les petits pains pour un

plusieurs à la fois pendant environ 5 minutes jusqu'à ce qu'elles soient dorées. Égoutter sur du papier absorbant avant de servir.

Toast aux crevettes

pour 4 personnes

2 œufs 1 lb/450 g de crevettes, décortiquées et hachées
15 ml/1 cuillère à soupe de farine de maïs (amidon de maïs)
1 oignon, finement haché
30 ml/2 cuillères à soupe de sauce soja
15 ml/1 cuillère à soupe de vin de riz ou de xérès sec
5 ml/1 cuillère à café de sel
5 ml/1 cuillère à café de racine de gingembre râpée
8 tranches de pain coupées en triangles
huile de friture

Mélangez 1 œuf avec tous les autres ingrédients sauf le pain et l'huile. Versez le mélange sur les triangles de pain et pressez-le en cube. Badigeonner avec le reste de l'œuf. Faites chauffer environ 5 cm d'huile et faites frire les triangles de pain jusqu'à ce qu'ils soient dorés. Bien égoutter avant de servir.

Wonton de porc et de crevettes avec sauce aigre-douce

pour 4 personnes

120 ml/4 fl oz/½ tasse d'eau

60 ml/4 cuillères à soupe de vinaigre de vin

60 ml/4 cuillères à soupe de cassonade

30 ml/2 cuillères à soupe de purée de tomates (pâte)

10 ml/2 cuillères à café de semoule de maïs (amidon de maïs)

1 once/25 g de champignons, hachés

1 oz/25 g de crevettes décortiquées et coupées en dés

2 oz/50 g de porc maigre, râpé

2 oignons (oignons verts), hachés

5 ml/1 cuillère à café de sauce soja

2,5 ml/½ cuillère à café de racine de gingembre râpée

1 gousse d'ail, écrasée

24 peaux de wonton

huile de friture

Mélangez l'eau, le vinaigre de vin, le sucre, la purée de tomates et la semoule de maïs dans une petite casserole. Porter à ébullition en remuant constamment, puis laisser mijoter 1 minute. Retirer du feu et réserver au chaud.

Incorporer les champignons, les crevettes, le porc, les oignons nouveaux, la sauce soja, le gingembre et l'ail. Versez la garniture sur chaque couche, badigeonnez les bords d'eau et appuyez pour sceller. Faites chauffer l'huile et faites frire les wontons petit à petit jusqu'à ce qu'ils soient dorés. Nous les égouttons sur du papier absorbant et les servons chauds avec des sauces aigre-douces.

Soupe au poulet

Donne 2 litres/3½ points/8½ tasses

2 livres/1,5 kg d'os de poulet, cuits ou crus

1 livre/450 g d'os de porc

Morceau de racine de gingembre de ½ po/1 cm

3 oignons (oignons verts), tranchés

1 gousse d'ail, écrasée

5 ml/1 cuillère à café de sel

2,25 litres/4 gouttes/10 verres d'eau

Portez tous les ingrédients à ébullition, couvrez et laissez mijoter 15 minutes. Retirez toute graisse. Couvrir et laisser cuire à feu doux pendant 1 heure et demie. Égoutter, laisser refroidir et écumer. Congeler en petites quantités ou réfrigérer et utiliser dans les 2 jours.

Soupe aux germes de porc et aux haricots

pour 4 personnes
1 livre/450 g de porc, coupé en dés
1,5 L/2½ points/6 tasses de bouillon de poulet
5 tranches de racine de gingembre
12 oz/350 g de germes de soja
15 ml/1 cuillère à soupe de sel

Faites bouillir le porc dans l'eau bouillante pendant 10 minutes puis égouttez-le. Portez le bouillon à ébullition et ajoutez le porc et le gingembre. Couvrir et cuire à feu doux pendant 50 minutes. Ajoutez les germes de soja et le sel et laissez mijoter 20 minutes.

Soupe d'ormeaux et de champignons

pour 4 personnes

60 ml/4 cuillères à soupe d'huile d'arachide

4 oz/100 g de porc maigre, coupé en lanières

8 oz/225 g d'ormeaux en conserve, coupés en lanières

4 oz/100 g de champignons, tranchés

2 branches de céleri, tranchées

2 oz/50 g de bacon, coupé en lanières

2 oignons, tranchés

1,5 l/2½ gouttes/6 verres d'eau

30 ml/2 cuillères à soupe de vinaigre de vin

45 ml/3 cuillères à soupe de sauce soja

2 tranches de racine de gingembre, hachées

sel et poivre fraîchement moulu

15 ml/1 cuillère à soupe de farine de maïs (amidon de maïs)

45 ml/3 cuillères d'eau

Faites chauffer l'huile et faites revenir le porc, les ormeaux, les champignons, le céleri, le bacon et l'oignon pendant 8 minutes. Ajoutez l'eau et le vinaigre de vin, portez à ébullition, couvrez et laissez mijoter 20 minutes. Ajouter la sauce soja, le gingembre, le sel et le poivre. Mélangez la farine de maïs jusqu'à obtenir une pâte

l'eau, incorporer à la soupe et laisser mijoter en remuant pendant 5 minutes jusqu'à ce que la soupe soit claire et épaissie.

Soupe au poulet et asperges

pour 4 personnes
100 g de poulet, émincé
2 blancs d'œufs
2,5 ml/½ cuillère à café de sel
30 ml/2 cuillères à soupe de farine de maïs (amidon de maïs)
8 oz/225 g d'asperges, coupées en morceaux de 2/5 cm
4 oz/100 g de germes de soja
1,5 L/2½ points/6 tasses de bouillon de poulet
100 g de champignons

Mélangez le poulet avec les blancs d'œufs, le sel et la fécule de maïs et laissez reposer 30 minutes. Faire bouillir le poulet dans l'eau bouillante pendant environ 10 minutes jusqu'à ce qu'il soit cuit, puis bien égoutter. Blanchir les asperges dans l'eau bouillante pendant 2 minutes puis égoutter. Blanchir les germes de soja dans l'eau bouillante pendant 3 minutes puis égoutter. Versez le bouillon dans une grande casserole et ajoutez le poulet, les asperges, les champignons et les germes de soja. Porter à ébullition et assaisonner de sel. Laisser mijoter quelques minutes pour permettre aux saveurs de se développer et jusqu'à ce que les légumes soient tendres mais encore croustillants.

Soupe de boeuf

pour 4 personnes

8 oz/225 g de bœuf haché (haché)
15 ml/1 cuillère à soupe de sauce soja
15 ml/1 cuillère à soupe de vin de riz ou de xérès sec
15 ml/1 cuillère à soupe de farine de maïs (amidon de maïs)
1,2 l/2 pt/5 tasses de bouillon de poulet
5 ml/1 cuillère à café de sauce piquante
sel et poivre
2 oeufs battus
6 oignons (oignons verts), hachés

Mélangez le bœuf avec la sauce soja, le vin ou le xérès et la semoule de maïs. Ajouter au bouillon et porter à ébullition en remuant. Ajouter la sauce aux haricots piquants et assaisonner au goût avec du sel et du poivre, couvrir et laisser mijoter environ 10 minutes en remuant de temps en temps. Ajouter les œufs et servir parsemé de ciboulette.

Soupe au bœuf et aux feuilles chinoises

pour 4 personnes

7 oz/200 g de bœuf maigre, coupé en lanières

15 ml/1 cuillère à soupe de sauce soja

15 ml/1 cuillère à soupe d'huile d'arachide

1,5 l/2½ pt/6 tasses de bouillon

5 ml/1 cuillère à café de sel

2,5 ml/½ cuillère à café de sucre

½ tête de feuilles chinoises coupées en morceaux

Mélangez le bœuf avec la sauce soja et l'huile et laissez mariner 30 minutes en remuant de temps en temps. Laissez bouillir le bouillon de viande avec le sel et le sucre, ajoutez les feuilles de chinois et faites-les bouillir pendant environ 10 minutes jusqu'à ce qu'elles soient presque prêtes. Ajoutez la viande et laissez cuire encore 5 minutes.

Soupe aux choux

pour 4 personnes

60 ml/4 cuillères à soupe d'huile d'arachide

2 oignons, hachés

4 oz/100 g de porc maigre, coupé en lanières

8 oz/225 g de chou chinois, râpé

10 ml/2 cuillères à café de sucre

1,2 l/2 pt/5 tasses de bouillon de poulet

45 ml/3 cuillères à soupe de sauce soja

sel et poivre

15 ml/1 cuillère à soupe de farine de maïs (amidon de maïs)

Faites chauffer l'huile et faites revenir les oignons et le porc jusqu'à ce qu'ils soient légèrement dorés. Ajouter le chou et le sucre et cuire 5 minutes. Ajouter le bouillon et la sauce soja et assaisonner au goût avec du sel et du poivre. Porter à ébullition, couvrir et laisser mijoter 20 minutes. Mélangez la semoule de maïs avec un peu d'eau, mélangez-la à la soupe et faites cuire en remuant jusqu'à ce que la soupe épaississe et clair.

soupe de viande épicée

pour 4 personnes

45 ml/3 cuillères à soupe d'huile d'arachide

1 gousse d'ail, écrasée

5 ml/1 cuillère à café de sel

8 oz/225 g de bœuf haché (haché)

6 oignons (oignons verts), coupés en lanières

1 poivron rouge, coupé en lanières

1 poivron vert coupé en lanières

8 oz/225 g de chou, râpé

1 l/1¾ pts/4¼ tasses de bouillon

30 ml/2 cuillères à soupe de sauce aux prunes

30 ml/2 cuillères à soupe de sauce hoisin

45 ml/3 cuillères à soupe de sauce soja

2 morceaux de tiges de gingembre, hachées

2 oeufs

5 ml/1 cuillère à café d'huile de sésame

8 oz/225 g de nouilles claires, trempées

Faites chauffer l'huile et faites revenir l'ail et le sel jusqu'à ce qu'ils prennent une couleur légèrement dorée. Ajoutez la viande et faites revenir rapidement. Ajouter les légumes et faire revenir jusqu'à ce qu'ils soient translucides. Ajouter le bouillon, la sauce aux prunes, la sauce hoisin, 30 ml/2

cuillères à soupe de sauce soja et de gingembre, porter à ébullition et laisser mijoter 10 minutes. Battez les œufs avec l'huile de sésame et le reste de sauce soja. Ajouter à la soupe avec les nouilles et cuire en remuant jusqu'à ce que les œufs forment des ficelles et que les nouilles soient tendres.

soupe céleste

pour 4 personnes

2 oignons (oignons verts), hachés
1 gousse d'ail, écrasée
30 ml/2 cuillères à soupe de persil frais haché
5 ml/1 cuillère à café de sel
15 ml/1 cuillère à soupe d'huile d'arachide
30 ml/2 cuillères à soupe de sauce soja
1,5 l/2½ gouttes/6 verres d'eau

Mélangez la ciboulette, l'ail, le persil, le sel, l'huile et la sauce soja. Laissez bouillir l'eau, versez-la sur le mélange de pois chiches et laissez reposer 3 minutes.

Soupe au poulet et bambou

pour 4 personnes

2 cuisses de poulet
30 ml/2 cuillères à soupe d'huile d'arachide
5 ml/1 cuillère à café de vin de riz ou de xérès sec
1,5 L/2½ points/6 tasses de bouillon de poulet
3 ciboulette tranchée
4 oz/100 g de tiges de bambou, coupées en morceaux
5 ml/1 cuillère à café de racine de gingembre râpée
sel

Désossez le poulet et coupez la viande en morceaux. Faites chauffer l'huile et faites frire le poulet jusqu'à ce qu'il soit doré de tous les côtés. Ajouter le bouillon, les oignons, les pousses de bambou et le gingembre, porter à ébullition et laisser mijoter environ 20 minutes jusqu'à ce que le poulet soit tendre. Assaisonner au goût avec du sel avant de servir.

Soupe au poulet et au maïs

pour 4 personnes

1 l/1¾ pts/4¼ tasses de bouillon de poulet

100 g de poulet haché

7 oz/200 g de maïs sucré en crème

tranche de jambon, tranchée

des œufs battus

15 ml/1 cuillère à soupe de vin de riz ou de xérès sec

Portez à ébullition le bouillon et le poulet, couvrez et laissez mijoter 15 minutes. Ajoutez le maïs doux et le bacon, couvrez et laissez mijoter 5 minutes. Ajoutez les œufs et le xérès en remuant lentement avec un cure-dent pour que les œufs forment des ficelles. Retirer du feu, couvrir et laisser reposer 3 minutes avant de servir.

Soupe au poulet et au gingembre

pour 4 personnes

4 champignons chinois séchés
1,5 L/2½ points/6 tasses d'eau ou de bouillon de poulet
8 oz/225 g de poulet, coupé en dés
10 tranches de racine de gingembre
5 ml/1 cuillère à café de vin de riz ou de xérès sec
sel

Faites tremper les champignons dans l'eau tiède pendant 30 minutes puis égouttez-les. Jetez les tiges. Portez à ébullition l'eau ou le bouillon avec le reste des ingrédients et laissez mijoter environ 20 minutes jusqu'à ce que le poulet soit cuit.

Soupe chinoise au poulet et aux champignons

pour 4 personnes

25 g de champignons chinois séchés
100 g de poulet, émincé
2 oz/50 g de tiges de bambou, écrasées
30 ml/2 cuillères à soupe de sauce soja
30 ml/2 cuillères à soupe de vin de riz ou de xérès sec
1,2 l/2 pt/5 tasses de bouillon de poulet

Faites tremper les champignons dans l'eau tiède pendant 30 minutes puis égouttez-les. Jetez les tiges et coupez les sommets. Blanchir les champignons, le poulet et les pousses de bambou dans l'eau bouillante pendant 30 secondes, puis égoutter. Placer dans un bol et ajouter la sauce soja et le vin ou le xérès. Laisser mariner 1 heure. Portez la soupe à ébullition, ajoutez le mélange de poulet et la marinade. Bien mélanger et laisser mijoter quelques minutes jusqu'à ce que le poulet soit cuit.

Soupe au poulet et riz

pour 4 personnes

1 l/1¾ pts/4¼ tasses de bouillon de poulet

8 oz/225 g/1 tasse de riz à grains longs cuit

4 oz/100 g de poulet cuit, coupé en lanières

1 oignon, coupé en morceaux

5 ml/1 cuillère à café de sauce soja

Chauffer tous les ingrédients ensemble jusqu'à ce qu'ils soient chauds sans laisser bouillir la soupe.

Soupe au poulet et à la noix de coco

pour 4 personnes

12 oz/350 g de poitrine de poulet

sel

10 ml/2 cuillères à café de semoule de maïs (amidon de maïs)

30 ml/2 cuillères à soupe d'huile d'arachide

1 piment vert haché

1 l/1¾ pts/4¼ tasses de lait de coco

5 ml/1 cuillère à café de zeste de citron râpé

12 litchis

pincée de muscade râpée

sel et poivre fraîchement moulu

2 feuilles de mélisse

Coupez la poitrine de poulet en diagonale dans le sens du grain en lanières. Saupoudrer de sel et recouvrir de semoule de maïs. Faites chauffer 10 ml/2 cuillères à café d'huile dans un wok, remuez et versez. Répétez une fois de plus. Faites chauffer le reste de l'huile et faites frire le poulet et le piment pendant 1 minute. Ajoutez le lait de coco et portez à ébullition. Ajoutez le zeste de citron et laissez cuire 5 minutes. Ajouter les litchis, assaisonner de muscade, saler et poivrer et servir garni de mélisse.

Soupe aux palourdes

pour 4 personnes

2 champignons chinois séchés
12 palourdes, trempées et nettoyées
1,5 L/2½ points/6 tasses de bouillon de poulet
2 oz/50 g de tiges de bambou, écrasées
2 oz/50 g de pois mange-tout, coupés en deux
2 oignons (oignons verts), coupés en rondelles
15 ml/1 cuillère à soupe de vin de riz ou de xérès sec
pincée de poivre fraîchement moulu

Faites tremper les champignons dans l'eau tiède pendant 30 minutes puis égouttez-les. Jetez les tiges et coupez le dessus en deux. Faites cuire les palourdes à la vapeur pendant environ 5 minutes jusqu'à ce qu'elles s'ouvrent; Jetez ceux qui restent fermés. Retirez les palourdes de leur coquille. Portez le bouillon à ébullition et ajoutez les champignons, les pousses de bambou, les pois mange-tout et les oignons nouveaux. Faire bouillir à découvert pendant 2 minutes. Ajouter les palourdes, le vin ou le xérès et le poivre et cuire jusqu'à ce que le tout soit bien chaud.

soupe aux œufs

pour 4 personnes
1,2 l/2 pt/5 tasses de bouillon de poulet
3 oeufs battus
45 ml/3 cuillères à soupe de sauce soja
sel et poivre fraîchement moulu
4 oignons (oignons verts), tranchés

Porter le liquide à ébullition. Battez progressivement les œufs battus pour qu'ils soient séparés en brins. Ajouter la sauce soja et assaisonner au goût avec du sel et du poivre. Servir garni d'oignons.

Soupe de crabe et pétoncles

pour 4 personnes

4 champignons chinois séchés
15 ml/1 cuillère à soupe d'huile d'arachide
1 œuf battu
1,5 L/2½ points/6 tasses de bouillon de poulet
6 oz/175 g de chair de crabe, râpée
100 g de filet de pétoncles, tranchés
4 oz/100 g de tiges de bambou, tranchées
2 oignons (oignons verts), hachés
1 tranche de racine de gingembre, hachée
quelques crevettes bouillies et décortiquées (facultatif)
45 ml/3 cuillères à soupe de farine de maïs (amidon de maïs)
90 ml/6 cuillères d'eau
30 ml/2 cuillères à soupe de vin de riz ou de xérès sec
20 ml/4 cuillères à café de sauce soja
2 blancs d'œufs

Faites tremper les champignons dans l'eau tiède pendant 30 minutes puis égouttez-les. Jeter les tiges et trancher finement le dessus. Faites chauffer l'huile, ajoutez l'œuf et inclinez la poêle pour que l'œuf recouvre le fond. cuire jusqu'à ce que prendre, puis retourner et cuire l'autre côté. Retirez-le de la poêle, roulez-le et coupez-le en fines lanières.

Porter le bouillon à ébullition, ajouter les champignons, les lanières d'œufs, la chair de crabe, les pétoncles, les pousses de bambou, les oignons, le gingembre et les crevettes, le cas échéant. Transformez-le en vague. Mélangez la maïzena avec 60 ml/4 cuillères à soupe d'eau, le vin ou le xérès et la sauce soja et incorporez-la à la soupe. Cuire à feu doux en remuant jusqu'à ce que la soupe épaississe. Montez les blancs d'œufs avec le reste d'eau et versez lentement le mélange dans la soupe en fouettant vigoureusement.

soupe de crabe

pour 4 personnes

90 ml/6 cuillères à soupe d'huile d'arachide
3 oignons, hachés
8 oz/225 g de chair de crabe brune et blanche
1 tranche de racine de gingembre, hachée
1,2 1/2 pt/5 tasses de bouillon de poulet
150 ml/¼ pt/tasse de vin de riz ou de xérès sec
45 ml/3 cuillères à soupe de sauce soja
sel et poivre fraîchement moulu

Faites chauffer l'huile et faites revenir les oignons jusqu'à ce qu'ils soient tendres mais pas dorés. Ajoutez la chair de crabe et le gingembre et faites revenir 5 minutes. Ajouter le bouillon, le vin ou le xérès et la sauce soja, assaisonner de sel et de poivre. Portez à ébullition, puis laissez mijoter 5 minutes.

Soupe de poisson

pour 4 personnes

8 oz/225 g de filet de poisson

1 tranche de racine de gingembre, hachée

15 ml/1 cuillère à soupe de vin de riz ou de xérès sec

30 ml/2 cuillères à soupe d'huile d'arachide

1,5 l/2½ points/6 tasses de bouillon de poisson

Coupez le poisson en fines lanières à contre-courant. Mélangez le gingembre, le vin ou le xérès et l'huile, ajoutez le poisson et mélangez délicatement. Laisser mariner 30 minutes en retournant de temps en temps. Laissez bouillir le liquide, ajoutez le poisson et faites bouillir pendant 3 minutes.

Soupe de poisson et de laitue

pour 4 personnes

8 oz/225 g de filet de poisson blanc
2 cuillères à soupe/30 ml de farine nature (par portion).
sel et poivre fraîchement moulu
90 ml/6 cuillères à soupe d'huile d'arachide
6 oignons (oignons verts), tranchés
4 oz/100 g de laitue, râpée
1,2 l/2 pt/5 verres d'eau
10 ml/2 cuillères à café de racine de gingembre finement râpée
150 ml/¼ pt/½ tasse de vin de riz généreux ou de xérès sec
30 ml/2 cuillères à soupe de farine de maïs (amidon de maïs)
30 ml/2 cuillères à soupe de persil frais haché
10 ml/2 cuillères à café de jus de citron
30 ml/2 cuillères à soupe de sauce soja

Coupez le poisson en fines lanières, puis mélangez-le avec la farine assaisonnée. Faites chauffer l'huile et faites revenir les oignons jusqu'à ce qu'ils soient tendres. Ajoutez la laitue et faites frire pendant 2 minutes. Ajouter le poisson et cuire 4 minutes. Ajouter l'eau, le gingembre et le vin ou le xérès, porter à ébullition, couvrir et laisser mijoter 5 minutes. Mélangez la semoule de maïs avec un peu d'eau puis incorporez-la à la soupe. Cuire en remuant encore 4 minutes jusqu'à ce que la soupe soit prête

rincer puis assaisonner de sel et de poivre. Servir saupoudré de persil, de jus de citron et de sauce soja.

Soupe de gingembre aux boulettes de viande

pour 4 personnes

5 cm/2 en morceaux de racine de gingembre, râpée

12 oz/350 g de cassonade

1,5 l/2½ gouttes/7 verres d'eau

225 g/8 oz/2 tasses de farine de riz

2,5 ml/½ cuillère à café de sel

60 ml/4 cuillères d'eau

Mettez le gingembre, le sucre et l'eau dans une casserole et portez à ébullition en remuant. Couvrir et laisser mijoter environ 20 minutes. Filtrez la soupe et remettez-la dans la casserole.

Pendant ce temps, mettez la farine et le sel dans un bol et mélangez-les progressivement dans l'eau jusqu'à obtenir une pâte épaisse. Nous le roulons en petites boules et les mettons dans la soupe. Remettre la soupe à ébullition, couvrir et laisser mijoter encore 6 minutes jusqu'à ce que les boulettes de viande soient cuites.

soupe aigre-piquante

pour 4 personnes

8 champignons chinois séchés
1 l/1¾ pts/4¼ tasses de bouillon de poulet
4 oz/100 g de poulet, coupé en lanières
4 oz/100 g de tiges de bambou, coupées en lanières
100 g de tofu, coupé en lanières
15 ml/1 cuillère à soupe de sauce soja
30 ml/2 cuillères à soupe de vinaigre de vin
30 ml/2 cuillères à soupe de farine de maïs (amidon de maïs)
2 oeufs battus
quelques gouttes d'huile de sésame

Faites tremper les champignons dans l'eau tiède pendant 30 minutes puis égouttez-les. Jetez les tiges et coupez le dessus en lanières. Portez à ébullition les champignons, le bouillon, le poulet, les pousses de bambou et le tofu, couvrez et laissez mijoter 10 minutes. Mélangez la sauce soja, le vinaigre de vin et la semoule de maïs pour obtenir une pâte lisse, incorporez-la à la soupe et laissez mijoter pendant 2 minutes jusqu'à ce que la soupe soit translucide. Ajoutez lentement les œufs et l'huile de sésame en remuant avec un cure-dent. Couvrir et laisser reposer 2 minutes avant de servir.

Soupe aux champignons

pour 4 personnes
15 champignons chinois séchés
1,5 L/2½ points/6 tasses de bouillon de poulet
5 ml/1 cuillère à café de sel

Faire tremper les champignons dans l'eau tiède pendant 30 minutes puis égoutter en réservant le liquide. Jetez les tiges et coupez le dessus en deux si elles sont grosses et placez-les dans un grand bol résistant à la chaleur. Placez le bol sur une grille dans un cuiseur vapeur. Portez le liquide à ébullition, versez sur les champignons, couvrez et laissez cuire 1 heure dans de l'eau bouillante. Saupoudrer de sel au goût et servir.

Soupe aux champignons et chou

pour 4 personnes

25 g de champignons chinois séchés
15 ml/1 cuillère à soupe d'huile d'arachide
2 oz/50 g de feuilles de cèpes, écrasées
15 ml/1 cuillère à soupe de vin de riz ou de xérès sec
15 ml/1 cuillère à soupe de sauce soja
1,2 L/2 pt/5 tasses de bouillon de poulet ou de légumes
sel et poivre fraîchement moulu
5 ml/1 cuillère à café d'huile de sésame

Faites tremper les champignons dans l'eau tiède pendant 30 minutes puis égouttez-les. Jetez les tiges et coupez les sommets. Faites chauffer l'huile et faites revenir les champignons et les feuilles chinoises pendant 2 minutes jusqu'à ce qu'ils soient bien enrobés. Ajoutez le vin ou le xérès et la sauce soja, puis ajoutez le bouillon. Porter à ébullition, saler et poivrer et laisser mijoter 5 minutes. Arroser d'huile de sésame avant de servir.

Soupe aux œufs et aux champignons

pour 4 personnes

1 l/1¾ pts/4¼ tasses de bouillon de poulet

30 ml/2 cuillères à soupe de farine de maïs (amidon de maïs)

4 oz/100 g de champignons, tranchés

1 tranche d'oignon, finement haché

pincée de sel

3 gouttes d'huile de sésame

2,5 ml/½ cuillère à café de sauce soja

1 œuf battu

Mélangez une partie du liquide à la semoule de maïs, puis ajoutez tous les ingrédients sauf l'œuf. Porter à ébullition, couvrir et laisser mijoter 5 minutes. Ajoutez l'œuf en remuant avec un cure-dent pour que l'œuf forme des ficelles. Retirer du feu et laisser reposer 2 minutes avant de servir.

Soupe aux champignons et châtaignes d'eau

pour 4 personnes

1 l/1¾ pts/4¼ tasses de bouillon de légumes ou d'eau
2 oignons, finement hachés
5 ml/1 cuillère à café de vin de riz ou de xérès sec
30 ml/2 cuillères à soupe de sauce soja
8 oz/225 g de champignons
4 oz/100 g de châtaignes d'eau, tranchées
4 oz/100 g de tiges de bambou, tranchées
quelques gouttes d'huile de sésame
2 feuilles de laitue, coupées en morceaux
2 oignons (oignons verts), coupés en morceaux

Portez à ébullition l'eau, les oignons, le vin ou le xérès et la sauce soja, couvrez et laissez mijoter 10 minutes. Ajoutez les champignons, les châtaignes d'eau et les pousses de bambou, couvrez et laissez mijoter 5 minutes. Ajouter l'huile de sésame, les feuilles de laitue et les oignons verts, retirer du feu, couvrir et laisser reposer 1 minute avant de servir.

Soupe au porc et aux champignons

pour 4 personnes

60 ml/4 cuillères à soupe d'huile d'arachide

1 gousse d'ail, écrasée

2 oignons, tranchés

8 oz/225 g de porc maigre, coupé en lanières

1 branche de céleri, hachée

2 oz/50 g de champignons, tranchés

2 carottes, tranchées

1,2 L/2 pt/5 tasses de bouillon

15 ml/1 cuillère à soupe de sauce soja

sel et poivre fraîchement moulu

15 ml/1 cuillère à soupe de farine de maïs (amidon de maïs)

Faites chauffer l'huile et faites revenir l'ail, l'oignon et le porc jusqu'à ce que les oignons soient tendres et légèrement dorés. Ajoutez le céleri, les champignons et les carottes, couvrez et laissez mijoter 10 minutes. Laissez bouillir le liquide, puis ajoutez-le à la poêle avec la sauce soja et rectifiez au goût avec du sel et du poivre. Mélangez la semoule de maïs avec un peu d'eau, puis mélangez dans la casserole et laissez cuire à feu doux en remuant pendant environ 5 minutes.

Soupe de porc et cresson

pour 4 personnes

1,5 L/2½ points/6 tasses de bouillon de poulet

4 oz/100 g de porc maigre, coupé en lanières

3 branches de céleri, coupées en diagonale

2 oignons (oignons verts), tranchés

1 botte de cresson

5 ml/1 cuillère à café de sel

Portez le bouillon à ébullition, ajoutez le porc et le céleri, couvrez et laissez mijoter 15 minutes. Ajouter les pois chiches, le cresson et le sel et cuire à découvert pendant environ 4 minutes.

Soupe de porc et concombre

pour 4 personnes

4 oz/100 g de porc maigre, tranché finement
5 ml/1 cuillère à café de farine de maïs (amidon de maïs)
15 ml/1 cuillère à soupe de sauce soja
15 ml/1 cuillère à soupe de vin de riz ou de xérès sec
1 concombre
1,5 L/2½ points/6 tasses de bouillon de poulet
5 ml/1 cuillère à café de sel

Mélangez le porc, la semoule de maïs, la sauce soja et le vin ou le xérès. Remuer pour enrober le porc. Épluchez le concombre et coupez-le en deux dans le sens de la longueur, puis retirez les graines. Tranchez-les épaissement. Laissez bouillir le bouillon, ajoutez le porc, couvrez et laissez mijoter 10 minutes. Ajouter le concombre et cuire quelques minutes jusqu'à ce qu'il soit translucide. Salez et, si vous le souhaitez, ajoutez un peu de sauce soja.

Soupe aux boulettes de viande et nouilles

pour 4 personnes

2 oz/50 g de nouilles de riz

8 oz/225 g de porc haché (haché)

5 ml/1 cuillère à café de farine de maïs (amidon de maïs)

2,5 ml/½ cuillère à café de sel

30 ml/2 cuillères d'eau

1,5 L/2½ points/6 tasses de bouillon de poulet

1 petit oignon, finement haché

5 ml/1 cuillère à café de sauce soja

Placez les nouilles dans l'eau froide pour les faire tremper pendant que vous préparez les boulettes de viande. Mélangez le porc, la semoule de maïs, un peu de sel et d'eau et formez des boules de la taille d'une noix. Portez une casserole d'eau à ébullition, ajoutez les boulettes de porc, couvrez et laissez mijoter 5 minutes. Bien égoutter et égoutter les nouilles. Laissez bouillir le bouillon, ajoutez les boulettes de porc et les nouilles, couvrez et laissez mijoter 5 minutes. Ajoutez l'oignon nouveau, la sauce soja et le reste du sel et laissez cuire encore 2 minutes.

Soupe aux épinards et au tofu

pour 4 personnes

1,2 l/2 pt/5 tasses de bouillon de poulet

7 oz/200 g de tomates en conserve, égouttées et coupées en dés

8 oz/225 g de tofu, coupé en cubes

8 oz/225 g d'épinards hachés

30 ml/2 cuillères à soupe de sauce soja

5 ml/1 cuillère à café de cassonade

sel et poivre fraîchement moulu

Portez le bouillon à ébullition, puis ajoutez les tomates, le tofu et les épinards et remuez délicatement. Remettre à ébullition et laisser mijoter 5 minutes. Ajouter la sauce soja et le sucre et rectifier au goût avec du sel et du poivre. Faire bouillir 1 minute avant de servir.

Soupe de maïs et crabe sucré

pour 4 personnes
1,2 l/2 pt/5 tasses de bouillon de poulet
7 oz/200 g de maïs sucré
sel et poivre fraîchement moulu
1 œuf battu
7 oz/200 g de chair de crabe, hachée
3 oignons, hachés

Laissez bouillir le liquide, ajoutez le maïs sucré assaisonnez avec du sel et du poivre. Cuire à feu doux pendant 5 minutes. Juste avant de servir, versez les œufs à la fourchette et mélangez sur la soupe. Servir parsemé de chair de crabe et d'oignons verts hachés.

soupe sichuanaise

pour 4 personnes

4 champignons chinois séchés
1,5 L/2½ points/6 tasses de bouillon de poulet
75 ml/5 cuillères à soupe de vin blanc sec
15 ml/1 cuillère à soupe de sauce soja
2,5 ml/½ cuillère à café de sauce piquante
30 ml/2 cuillères à soupe de farine de maïs (amidon de maïs)
60 ml/4 cuillères d'eau
4 oz/100 g de porc maigre, coupé en lanières
2 oz/50 g de bacon cuit, coupé en lanières
1 poivron rouge, coupé en lanières
2 oz/50 g de châtaignes d'eau, tranchées
10 ml/2 cuillères à café de vinaigre de vin
5 ml/1 cuillère à café d'huile de sésame
1 œuf battu
100 g de crevettes décortiquées
6 oignons (oignons verts), hachés
6 oz/175 g de tofu, coupé en cubes

Faites tremper les champignons dans l'eau tiède pendant 30 minutes puis égouttez-les. Jetez les tiges et coupez les sommets. Apportez le bouillon, le vin, le soja.

porter à ébullition la salsa et la sauce chili, couvrir et laisser mijoter pendant 5 minutes. Mélangez la farine de maïs avec la moitié de l'eau et mélangez-la à la soupe en remuant jusqu'à ce que la soupe épaississe. Ajoutez les champignons, le porc, les lardons, le poivre et les châtaignes d'eau et laissez mijoter 5 minutes. Ajoutez le vinaigre de vin et l'huile de sésame. Battez l'œuf avec le reste d'eau et versez dans la soupe en remuant vigoureusement. Ajoutez les crevettes, les oignons et le tofu et laissez cuire quelques minutes pour bien réchauffer.

soupe au tofu

pour 4 personnes

1,5 L/2½ points/6 tasses de bouillon de poulet
8 oz/225 g de tofu, coupé en cubes
5 ml/1 cuillère à café de sel
5 ml/1 cuillère à café de sauce soja

Portez le bouillon à ébullition et ajoutez le tofu, le sel et la sauce soja. Laisser mijoter quelques minutes jusqu'à ce que le tofu soit bien chaud.

Soupe de tofu et poisson

pour 4 personnes

8 oz/225 g de filets de poisson blanc, coupés en lanières

150 ml/¼ pt/½ tasse de vin de riz généreux ou de xérès sec

10 ml/2 cuillères à café de racine de gingembre finement râpée

45 ml/3 cuillères à soupe de sauce soja

2,5 ml/½ cuillère à café de sel

60 ml/4 cuillères à soupe d'huile d'arachide

2 oignons, hachés

4 oz/100 g de champignons, tranchés

1,2 l/2 pt/5 tasses de bouillon de poulet

100 g de tofu, en cubes

sel et poivre fraîchement moulu

Placez le poisson dans un bol. Mélangez le vin ou le xérès, le gingembre, la sauce soja et le sel et versez sur le poisson. Laisser mariner 30 minutes. Faites chauffer l'huile et faites revenir l'oignon pendant 2 minutes. Ajoutez les champignons et continuez à faire sauter jusqu'à ce que les oignons soient tendres mais pas bruns. Ajouter le poisson et la marinade, porter à ébullition, couvrir et laisser mijoter 5 minutes. Ajouter le bouillon, porter à ébullition, couvrir et laisser mijoter 15 minutes.

Ajouter le tofu et assaisonner au goût avec du sel et du poivre. Cuire à feu doux jusqu'à ce que le tofu soit cuit.

Soupe à la tomate

pour 4 personnes

14 oz/400 g de tomates en conserve, égouttées et hachées
1,2 l/2 pt/5 tasses de bouillon de poulet
1 tranche de racine de gingembre, hachée
15 ml/1 cuillère à soupe de sauce soja
15 ml/1 cuillère à soupe de sauce piquante
10 ml/2 cuillères à café de sucre

Mettez tous les ingrédients dans une casserole et portez à ébullition lente en remuant de temps en temps. Laisser mijoter environ 10 minutes avant de servir.

Soupe de tomates et épinards

pour 4 personnes

1,2 l/2 pt/5 tasses de bouillon de poulet

8 oz/225 g de tomates en conserve, coupées en dés

8 oz/225 g de tofu, coupé en cubes

8 oz/225 g d'épinards

30 ml/2 cuillères à soupe de sauce soja

sel et poivre fraîchement moulu

2,5 ml/½ cuillère à café de sucre

2,5 ml/½ cuillère à café de vin de riz ou de xérès sec

Laissez bouillir le liquide, puis ajoutez les tomates, le tofu et les épinards et faites bouillir 2 minutes. Ajouter le reste des ingrédients et laisser mijoter 2 minutes, puis bien mélanger et servir.

soupe de navet

pour 4 personnes

1 l/1¾ pts/4¼ tasses de bouillon de poulet
1 gros navet, tranché finement
7 oz/200 g de porc maigre, tranché finement
15 ml/1 cuillère à soupe de sauce soja
60 ml/4 cuillères de cognac
sel et poivre fraîchement moulu
4 oignons, finement hachés

Portez le bouillon à ébullition, ajoutez le navet et le porc, couvrez et laissez mijoter 20 minutes jusqu'à ce que le navet soit tendre et que la viande soit cuite. Ajouter la sauce soja et le cognac assaisonné au goût. Laisser mijoter jusqu'à ce qu'il soit servi chaud, parsemé de ciboulette.

Soupe aux légumes

pour 4 personnes

6 champignons chinois séchés
1 l/1¾ pts/4¼ tasses de bouillon de légumes
2 oz/50 g de tiges de bambou, coupées en lanières
2 oz/50 g de châtaignes d'eau, tranchées
8 pois mange-tout, coupés en tranches
5 ml/1 cuillère à café de sauce soja

Faites tremper les champignons dans l'eau tiède pendant 30 minutes puis égouttez-les. Jetez les tiges et coupez le dessus en lanières. Ajouter au bouillon avec les pousses de bambou et les châtaignes d'eau et porter à ébullition, couvrir et laisser mijoter 10 minutes. Ajoutez les pois mange-tout et la sauce soja, couvrez et laissez mijoter 2 minutes. Laisser reposer 2 minutes avant de servir.

soupe végétarienne

pour 4 personnes

¼ de chou blanc

2 carottes

3 branches de céleri

2 oignons (oignons verts)

30 ml/2 cuillères à soupe d'huile d'arachide

1,5 l/2½ gouttes/6 verres d'eau

15 ml/1 cuillère à soupe de sauce soja

15 ml/1 cuillère à soupe de vin de riz ou de xérès sec

5 ml/1 cuillère à café de sel

poivre fraîchement moulu

Coupez les légumes en lanières. Faites chauffer l'huile et faites revenir les légumes pendant 2 minutes jusqu'à ce qu'ils commencent à ramollir. Ajouter le reste des ingrédients, porter à ébullition, couvrir et laisser mijoter 15 minutes.

soupe de cresson

pour 4 personnes

1 l/1¾ pts/4¼ tasses de bouillon de poulet
1 oignon, finement haché
1 branche de céleri finement hachée
8 oz/225 g de cresson, haché grossièrement
sel et poivre fraîchement moulu

Portez à ébullition le bouillon, l'oignon et le céleri, couvrez et laissez mijoter 15 minutes. Ajoutez le cresson, couvrez et laissez mijoter 5 minutes. Assaisonnez avec du sel et du poivre.

Poisson frit aux légumes

pour 4 personnes

4 champignons chinois séchés
4 poissons entiers, nettoyés et hachés
huile de friture
30 ml/2 cuillères à soupe de farine de maïs (amidon de maïs)
45 ml/3 cuillères à soupe d'huile d'arachide
4 oz/100 g de tiges de bambou, coupées en lanières
2 oz/50 g de châtaignes d'eau, coupées en lanières
2 oz/50 g de chou chinois, râpé
2 tranches de racine de gingembre, hachées
30 ml/2 cuillères à soupe de vin de riz ou de xérès sec
30 ml/2 cuillères d'eau
15 ml/1 cuillère à soupe de sauce soja
5 ml/1 cuillère à café de sucre
120 ml/4 fl oz/¬Ω tasse de bouillon de poisson
sel et poivre fraîchement moulu
¬Ω laitue hachée
15 ml/1 cuillère à soupe de feuilles de persil hachées

Faites tremper les champignons dans l'eau tiède pendant 30 minutes puis égouttez-les. Jetez les tiges et coupez les sommets. Vaporisez le poisson en deux

maïzena et secouez l'excédent. Faites chauffer l'huile et faites frire le poisson pendant environ 12 minutes jusqu'à ce qu'il soit cuit. Égoutter sur du papier absorbant et réserver au chaud.

Faites chauffer l'huile et faites revenir les champignons, les pousses de bambou, les châtaignes d'eau et le chou pendant 3 minutes. Ajoutez le gingembre, le vin ou le xérès, 15 ml/1 cuillère à soupe d'eau, la sauce soja et le sucre et faites frire pendant 1 minute. Ajouter le bouillon, saler et poivrer, porter à ébullition, couvrir et laisser mijoter 3 minutes. Mélangez la farine de maïs avec le reste de l'eau, mélangez-la dans la casserole et faites-la cuire à feu doux en remuant jusqu'à ce que la sauce épaississe. Disposez la laitue dans une assiette de service et disposez le poisson dessus. Verser sur les légumes et la sauce et servir garni de persil.

Poisson entier au four

pour 4 personnes

1 gros bar ou poisson similaire
45 ml/3 cuillères à soupe de farine de maïs (amidon de maïs)
45 ml/3 cuillères à soupe d'huile d'arachide
1 oignon haché
2 gousses d'ail pressées
2 oz/50 g de bacon, coupé en lanières
100 g de crevettes décortiquées
15 ml/1 cuillère à soupe de sauce soja
15 ml/1 cuillère à soupe de vin de riz ou de xérès sec
5 ml/1 cuillère à café de sucre
5 ml/1 cuillère à café de sel

Enrober le poisson de semoule de maïs. Faites chauffer l'huile et faites revenir l'oignon et l'ail jusqu'à ce qu'ils prennent une couleur légèrement dorée. Ajouter le poisson et faire revenir jusqu'à ce qu'il soit doré des deux côtés. Transférer le poisson sur une feuille de papier d'aluminium dans un plat allant au four et garnir de bacon et de crevettes. Ajoutez la sauce soja, le vin ou le xérès, le sucre et le sel dans la poêle et mélangez bien. Verser sur le poisson, sceller le papier d'aluminium sur le dessus et cuire au four préchauffé à 150 °C/ 300 °F/thermostat 2 pendant 20 minutes.

Poisson de soja bouilli

pour 4 personnes

1 gros bar ou poisson similaire

sel

50 g/2 oz/½ tasse de farine nature (tout usage).

60 ml/4 cuillères à soupe d'huile d'arachide

3 tranches de racine de gingembre, hachées

3 oignons (oignons verts), hachés

250 ml/8 ml oz/1 tasse d'eau

45 ml/3 cuillères à soupe de sauce soja

15 ml/1 cuillère à soupe de vin de riz ou de xérès sec

2,5 ml/½ cuillère à café de sucre

Nettoyez et émincez le poisson et incisez-le en diagonale des deux côtés. Saupoudrer de sel et laisser reposer 10 minutes. Faites chauffer l'huile et faites revenir le poisson jusqu'à ce qu'il soit doré des deux côtés, en le retournant une fois et en le badigeonnant d'huile pendant la cuisson. Ajouter le gingembre, les oignons nouveaux, l'eau, la sauce soja, le vin ou le xérès et le sucre, porter à ébullition, couvrir et laisser mijoter 20 minutes jusqu'à ce que le poisson soit cuit. Servir chaud ou froid.

Poisson de soja à la sauce d'huîtres

pour 4 personnes
1 gros bar ou poisson similaire
sel
60 ml/4 cuillères à soupe d'huile d'arachide
3 oignons (oignons verts), hachés
2 tranches de racine de gingembre, hachées
1 gousse d'ail, écrasée
45 ml/3 cuillères à soupe de sauce aux huîtres
30 ml/2 cuillères à soupe de sauce soja
5 ml/1 cuillère à café de sucre
250 ml/8 ml oz/1 tasse de bouillon de poisson

Nettoyez et nettoyez le poisson et marquez-le plusieurs fois en diagonale de chaque côté. Saupoudrer de sel et laisser reposer 10 minutes. Faites chauffer la majeure partie de l'huile et faites frire le poisson jusqu'à ce qu'il soit doré des deux côtés, en le retournant une fois. Pendant ce temps, faites chauffer le reste de l'huile dans une poêle à part et faites revenir les oignons, le gingembre et l'ail jusqu'à ce qu'ils soient légèrement colorés. Ajoutez la sauce d'huîtres, la sauce soja et le sucre et faites revenir 1 minute. Ajouter le bouillon et porter à ébullition.

Versez le mélange dans le poisson frit, portez à ébullition, couvrez et laissez cuire env.

15 minutes jusqu'à ce que le poisson soit cuit, en le retournant une à deux fois pendant la cuisson.

bar cuit à la vapeur

pour 4 personnes

1 gros bar ou poisson similaire
2,25 l/4 points/10 verres d'eau
3 tranches de racine de gingembre, hachées
15 ml/1 cuillère à soupe de sel
15 ml/1 cuillère à soupe de vin de riz ou de xérès sec
30 ml/2 cuillères à soupe d'huile d'arachide

Nettoyez et écailles le poisson et incisez plusieurs fois des deux côtés en diagonale. Portez l'eau à ébullition dans une grande casserole et ajoutez le reste des ingrédients. Mettez le poisson dans l'eau, couvrez bien, éteignez le feu et laissez reposer 30 minutes jusqu'à ce que le poisson soit cuit.

Poisson au four aux champignons

pour 4 personnes

4 champignons chinois séchés

1 grosse carpe ou poisson similaire

sel

45 ml/3 cuillères à soupe d'huile d'arachide

2 oignons (oignons verts), hachés

1 tranche de racine de gingembre, hachée

3 gousses d'ail pressées

4 oz/100 g de tiges de bambou, coupées en lanières

250 ml/8 ml oz/1 tasse de bouillon de poisson

30 ml/2 cuillères à soupe de sauce soja

15 ml/1 cuillère à soupe de vin de riz ou de xérès sec

2,5 ml/¬Ω cuillère à café de sucre

Faites tremper les champignons dans l'eau tiède pendant 30 minutes puis égouttez-les. Jetez les tiges et coupez les sommets. Fixez le poisson plusieurs fois en diagonale des deux côtés, saupoudrez de sel et laissez reposer 10 minutes. Faites chauffer l'huile et faites frire le poisson jusqu'à ce qu'il soit légèrement doré des deux côtés. Ajoutez les oignons nouveaux, le gingembre et l'ail et faites revenir 2 minutes. Ajouter le reste des ingrédients, porter à ébullition, couvrir

et laisser mijoter pendant 15 minutes jusqu'à ce que le poisson soit bien cuit, en le retournant une ou deux fois et en remuant de temps en temps.

poisson aigre-doux

pour 4 personnes

1 gros bar ou poisson similaire

1 œuf battu

2 oz/50 g de semoule de maïs (amidon de maïs)

huile de friture

Pour la sauce:

15 ml/1 cuillère à soupe d'huile d'arachide

1 poivron vert coupé en lanières

4 oz/100 g de morceaux d'ananas en conserve au sirop

1 oignon, coupé en morceaux

100 g/4 oz/¬Ω tasse de cassonade

60 ml/4 cuillères à soupe de bouillon de poulet

60 ml/4 cuillères à soupe de vinaigre de vin

15 ml/1 cuillère à soupe de purée de tomates (pâte)

15 ml/1 cuillère à soupe de farine de maïs (amidon de maïs)

15 ml/1 cuillère à soupe de sauce soja

3 oignons (oignons verts), hachés

Nettoyez le poisson et retirez les nageoires et la tête si vous le souhaitez. Trempez-le dans l'œuf battu puis dans la semoule de maïs. Faites chauffer l'huile et faites frire le poisson jusqu'à ce qu'il soit cuit. Bien égoutter et réserver au chaud.

Pour préparer la sauce, faites chauffer l'huile et faites revenir le poivron, l'ananas et l'oignon égouttés pendant 4 minutes. Ajouter 2 cuillères à soupe/30 ml de sirop d'ananas, le sucre, le bouillon, le vinaigre de vin, la purée de tomates, la semoule de maïs et la sauce soja et porter à ébullition en remuant. Cuire à feu doux en remuant jusqu'à ce que la sauce s'éclaircisse et épaississe. Verser sur le poisson et servir parsemé de ciboulette.

Poisson farci au porc

pour 4 personnes

1 grosse carpe ou poisson similaire

sel

4 oz/100 g de porc haché (haché)

1 oignon (oignons verts), haché

4 tranches de racine de gingembre, hachées

15 ml/1 cuillère à soupe de farine de maïs (amidon de maïs)

60 ml/4 cuillères à soupe de sauce soja

15 ml/1 cuillère à soupe de vin de riz ou de xérès sec

5 ml/1 cuillère à café de sucre

75 ml/5 cuillères à soupe d'huile d'arachide

2 gousses d'ail pressées

1 oignon, tranché

300 ml/¬Ω pt/1¬° verre d'eau

Nettoyez et émincez le poisson et saupoudrez de sel. Mélangez le porc, l'oignon, un peu de gingembre, la fécule de maïs, 15 ml/1 cuillère à soupe de sauce soja, le vin ou le xérès et le sucre et utilisez pour farcir le poisson. Faites chauffer l'huile et faites frire le poisson jusqu'à ce qu'il soit légèrement doré des deux côtés, puis retirez-le de la poêle et égouttez la majeure partie de l'huile.

Ajouter le reste de l'ail et du gingembre et faire revenir jusqu'à ce qu'ils soient légèrement dorés.

Ajouter le reste de la sauce soja et l'eau, porter à ébullition et laisser mijoter 2 minutes. Remettez le poisson dans la poêle, couvrez et laissez mijoter environ 30 minutes jusqu'à ce que le poisson soit bien cuit, en le retournant une ou deux fois.

carpe bouillie avec des épices

pour 4 personnes

1 grosse carpe ou poisson similaire

150 ml/¬° pt/ ¬Ω tasse généreuse d'huile d'arachide

15 ml/1 cuillère de sucre

2 gousses d'ail, hachées finement

4 oz/100 g de tiges de bambou, tranchées

150 ml/¬° pt/ ¬Ω tasse généreuse de bouillon de poisson

15 ml/1 cuillère à soupe de vin de riz ou de xérès sec

15 ml/1 cuillère à soupe de sauce soja

2 oignons (oignons verts), hachés

1 tranche de racine de gingembre, hachée

15 ml/1 cuillère à soupe de vinaigre de vin salé

Nettoyez et écailles le poisson et laissez-le tremper plusieurs heures dans l'eau froide. Égouttez et séchez, puis marquez chaque côté plusieurs fois. Faites chauffer l'huile et faites frire le poisson des deux côtés jusqu'à ce qu'il soit ferme. Retirer de la poêle, égoutter et réserver tout sauf 2 cuillères à soupe/30 ml d'huile. Ajoutez le sucre dans la casserole et remuez jusqu'à ce qu'il soit foncé. Ajoutez l'ail et les pousses de bambou et mélangez bien. Ajouter le reste des ingrédients, porter à ébullition, puis remettre le poisson dans la poêle, couvrir et laisser mijoter environ 15 minutes jusqu'à ce que le poisson soit bien cuit.

Disposez le poisson sur une assiette de service chaude et versez la sauce dessus.

Boeuf à la sauce aux perles

pour 4 personnes

15 ml/1 cuillère à soupe d'huile d'arachide

2 gousses d'ail pressées

1 lb/450 g de steak, tranché

100 g de champignons

15 ml/1 cuillère à soupe de vin de riz ou de xérès sec

150 ml/¬° pt/ ¬Ω tasse généreuse de bouillon de poulet

30 ml/2 cuillères à soupe de sauce aux huîtres

5 ml/1 cuillère à café de cassonade

sel et poivre fraîchement moulu

4 oignons (oignons verts), tranchés

15 ml/1 cuillère à soupe de farine de maïs (amidon de maïs)

Faites chauffer l'huile et faites revenir l'ail jusqu'à ce qu'il soit légèrement doré. Ajouter le steak et les champignons et faire revenir jusqu'à ce qu'ils soient légèrement dorés. Ajoutez le vin ou le xérès et laissez mijoter 2 minutes. Ajouter le bouillon, la sauce d'huîtres et le sucre et assaisonner de sel et de poivre. Porter à ébullition et laisser mijoter 4 minutes en remuant de temps en temps. Ajoutez les pois chiches. Mélangez la farine de maïs avec un peu d'eau et mélangez-la dans la casserole. Cuire à feu doux en remuant jusqu'à ce que la sauce s'éclaircisse et épaississe.